맹자에서 자유인의 품격을 본다

맹자에서 자유인의 품격을 본다

발행일	2022년 3월 26일		
지은이	서재철		
펴낸이	손형국		
펴낸곳	(주)북랩		
편집인	선일영	편집	정두철, 배진용, 김현아, 박준, 장하영
디자인	이현수, 김민하, 허지혜, 안유경	제작	박기성, 황동현, 구성우, 권태련
마케팅	김회란, 박진관		
출판등록	2004. 12. 1(제2012-000051호)		
주소	서울특별시 금천구 가산디지털 1로 168, 우림라이온스밸리 B동 B113~114호, C동 B101호		
홈페이지	www.book.co.kr		
전화번호	(02)2026-5777	팩스	(02)2026-5747

ISBN   979-11-6836-235-2 03140 (종이책)   979-11-6836-236-9 05140 (전자책)

(주)북랩 성공출판의 파트너

북랩 홈페이지와 패밀리 사이트에서 다양한 출판 솔루션을 만나 보세요!

홈페이지 book.co.kr   •   **블로그** blog.naver.com/essaybook   •   **출판문의** book@book.co.kr

작가 연락처 문의 ▶ ask.book.co.kr

작가 연락처는 개인정보이므로 북랩에서 알려드릴 수 없습니다.

맹자에서 자유인의 품격을 본다

미래 비전을 세우는 원전의 메시지!

자유인의 품격은 화려함에 있는 것이 아니라 평범한 것 같으면서도 **자신의 가치와 향기**를 진정으로 사랑할 줄 아는 **자긍심**에 있다.

 북랩

머리말

자유自由는 인류가 역사를 통해 입증한 양도하거나 침해될 수 없는 신성불가침의 권리이자 의무이다. 자유는 인간 실존의 알파이자 오메가이다. 최근 나는 에리히 프롬의 저서 『자유에서의 도피』를 읽으며 자유의 의미에 대해 깊이 생각해 보는 기회가 있었다.

근대에 들어서면서 중세의 틀로부터 개인의 자유를 확보할 수 있는 공간이 형성되었다. 그러나 유럽의 근대인들은 이 자유가 가져오는 고립과 무력감을 극복하지 못하고 또 다른 우상인 절대 권력의 파시즘에 의존함으로써 우리가 원했던 자유가 아닌 파멸을 가져왔다. 자유는 도피하거나 파괴할 수 없는 인간 존재의 근본 양식이다. 인간은 본질적으로 자신의 삶을 선택하고 결정할 불가침의 권리를 가진다. 이 권리가 자유의 한 단면이다. 그러나 진정한 자유는 권리뿐만 아니라 의무로서의 능력과 품격을 요구한다.

자유가 가져오는 고립과 무력감을 극복하기 위해 깨달음과 실천이 요구된다. 그 깨달음은 인식의 혁신을 의미한다. 한편으로는 사물의 실체(reality)를 보는 안목이 필요하고 다른 한편으로는 시대의 변화를 반영하지 못하는 폐쇄된 사고와 우리의 편견이 그어 놓은 경계와 단절을 넘어서야 한다.

　현재 우리 사회의 담론은 좌파와 우파, 네 편과 내 편으로 나뉘어 첨예하게 대립하고 있다. 대립의 논리는 우리를 불편하게 하고 불행하게 한다. 엄밀히 말하면 모든 존재에 경계선은 애당초 있지 않았다. 우리의 인식이 그 명료성을 획득하기 위해 그어 놓은 가상의 선에 불과하다. 또한, 그 인식의 경계선 역시 시대와 상황에 따라 변화하는 것이지 절대적인 것이 아니다.

　말은 의미를 전달하는 수단이다. 그러나 말이 그어 놓은 경계는 실재(reality)와 다르다. 실재는 연속선상에 있지만, 말은 그 실재를 재단한다. 말은 실재가 아니라 그 실재를 추상화한 개념에 불과하다. 따라서 말 자체는 실재가 아니라 개념과 의미를 전달하는 상징(symbol)이다. 우리는 말에 현혹되어 실재를 보지 못하는 경우가 많다. 이는 말이 그어 놓은 수많은 경계선들과 그 경계선들이 결합하여 이루어진 의미의 그물망에 갇혀 우리가 우리의 사유를 제약하기 때문이다.

　불가佛家의 반야심경에 따르면 우리가 오감을 통하여 체험하는 것과 사유까지도 인연의 그물에 얽혀 있는 것이라 보았다. 우리의 체험과 사유도 영원한 것은 없고 시간과 공간의 인과에 의해 형성된 현상이지 변화하지 않는 실체가 아니다. 우리가 진정한 자유의 경지에 이르려면 그 경계의 다리를 건너야 한다.

자유의 또 다른 한 면은 우리의 도전과 실천을 요구한다. 개인의 자유는 한 인간으로서 자신의 능력을 계발할 것을 요구한다. 자발적 행동과 실천을 통해 다른 사람과 만나야 하고 사회에 참여해야 한다. 한 개인의 무력감과 고독감을 극복하기 위해 우리는 성숙해야 하며 사회에 자발적 능동적으로 참여해야 한다. 에리히 프롬의 용어를 빌린다면 '으로부터의 자유'가 아니라 '으로의 자유'가 실현되어야 한다. 이를 달리 말하면 자아실현이라 말할 수 있다. 비유적으로 말하면 빨간 꽃은 빨갛게 노란 꽃은 노랗게 자신을 온전하게 꽃피우는 것이다.

자아실현은 한 인간의 인격과 품격을 나타낸다. 자아의 온전한 실현은 건강한 자기 긍정을 의미한다. 우리가 다른 사람을 진정으로 사랑한다고 한다면 우선 자기 자신을 건강하게 사랑할 수 있어야 한다. 사람은 다른 사람과 마찬가지로 나 자신도 사랑의 대상이 된다. 자기 자신만을 사랑하거나 다른 사람들만 사랑의 대상이 된다면 그것은 엄밀히 말해 사랑이 아니다. 부정적 의미로 사용되는 이기주의는 제대로 된 자기 사랑이 아니다. 이기주의는 자기 자신의 능력과 인격에 대한 부정이나 불안에서 비롯된 탐욕의 다른 이름이다. 엄밀히 말해 남의 생명을 구하려면 우선 먼저 나의 산소마스크를 이용하여 나의 생명을 구한 다음 이웃이 산소마스크를 사용하도록 도와야 한다.

자유에 따르는 책임을 다하는 것은 궁극적으로 자신의 인격에 대한 긍정과 신뢰를 의미한다. 물론 그 믿음은 자아도취가 아니라 객관적인 시각과 통합적인 인식을 전제로 한다. 자기도취 또한 건강한 자기 사랑이 아니라 실재가 아닌 우상이나 허상에 집착하는 것이므로 자아의 파멸을 불러온다. 유가儒家에서 자아실현의 기초는 수신修身이다. 수신을 통해 금강석과 같이 건강한 인격과 품격을 갖추는 것이 자유에 따르는 책임을 다하는 것이다. 공자가 말한 위기지학爲己之學은 인격과 품격을 갖춘 당당한 나로 나아가는 진실의 길이다.

우리가 자유인이 된다는 것은 자유에 대한 깨달음, 곧 인식의 혁신을 필요조건으로 하여 이 깨달음을 실천할 때 충분조건이 성립된다. 자발적 행동과 실천의 결실은 인격과 품격으로 나타난다. 우리가 온전한 자유인으로 살아간다는 것은 삶과 죽음의 경계를 뛰어넘어 의미 있는 삶을 살아간다는 것을 뜻한다.

자유인의 품격은 화려함에 있는 것이 아니라 평범한 것 같으면서도 자신의 가치와 향기를 진정으로 사랑할 줄 아는 자긍심에 있다. 설악산 정상 근처의 작은 야생화가 나에게 보여주었던 그 빛깔과 향기와 당당한 자세이다. 그 당당한 자세는 자아실현의 새로운 발견과 창조가 아름답게 피워낸 품격이다.

이 글을 읽는 독자들이 『맹자孟子』에서 자유인의 품격과 행복을 발견하고 창조해 나가시길 기원한다.

맑은비움 淸虛
서재철 드림

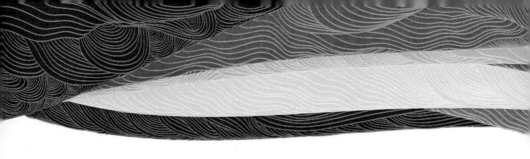

1장

모르고 있음을 안다

진심지지(盡心知至)

孟子曰 仁人心也 義人路也 舍其路而不由 放其心而不知求哀哉
人有鷄犬 放則知求之 有放心而不知求 學問之道無他 求其放心
而已矣

- 〈告子章句 上〉

맹자께서 말씀하셨다.

　인(仁, 사람됨)은 사람의 마음이요. 의(義, 올바름)는 사람의 길이다.
그 길을 버리고 가지 않으며 그 마음을 놓아 버리고 구할 줄 모르
나니 슬프도다. 사람이 닭이나 개를 잃어버리면 찾을 줄 알면서도
마음을 잃어버리면 찾을 줄 모른다. 학문의 길은 다른 것이 없나니
그 잃어버린 마음을 구할 따름이다.

- 〈고자장구 상〉

From this it follows that my own self, in principle, is as much an object of my love as another person. The affirmation of my own life, happiness, growth, freedom, is rooted in the presence of the basic readiness of and ability for such an affirmation. If an individual has this readiness, he has it also toward himself; if he can only 'love' others, he can not love at all.

Selfishness is not identical with self-love but with its very opposite. Selfishness is one kind of greediness.

- 『Escape from Freedom』

원칙적으로 나 자신은 다른 사람과 같이 나의 사랑의 대상이다. 나 자신의 삶과 행복, 성장, 자유에 대한 긍정은 그와 같은 신뢰의 뿌리가 되는 능력과 자질의 현존에 근거한다. 만약 어떤 개인이 이와 같은 자질을 갖추고 있다면 그는 자기 자신에 대해서도 그 자질을 갖추게 된다. 만약 그가 오직 다른 사람만을 사랑할 수 있다면 그는 전혀 사랑할 수 없다. 이기주의는 자기 사랑과 동일한 것이 아니라 그 정반대이다. 이기주의는 일종의 탐욕이다.

- 『자유에서의 도피』

현자(賢者)의 마음, 인(仁)

제齊나라의 변사辯士였던 순우곤淳于髡이 맹자를 만나 명예와 공적에 대해 논한다. 맹자가 뚜렷한 공적이 없이 제나라를 떠나려 하자 이를 다음과 같이 비난한다.

> 순우곤(淳于髡)이 말하였다. "명예와 공적을 먼저 생각하는 것은 남을 위하는 것이요. 명예와 공적을 뒤로 돌리는 것은 자기를 위하는 것입니다. 선생님께서는 지위가 삼경(三卿) 가운데 들어 있으면서도 명예와 공적이 위와 아래로 미치지 못하고 떠나가시니 인자(仁者)는 본래 그렇습니까?"
>
> 淳于髡曰 先名實者爲人也 後名實者自爲也 夫子在三卿之中 名實未加於上下而去之 仁者固如此乎 〈告子章句 下〉

맹자는 순우곤을 설득하기 위해 백이伯夷와 이윤伊尹과 유하혜柳下惠의 예를 든다. 백이는 현자賢者로서 불초한 임금을 섬기지 않았고, 이윤은 다섯 번 탕湯왕에 갔고 다섯 번 걸왕에게 갔지만 정도를 잃지 않았으며, 유하혜는 비열한 임금도 싫어하지 않았고 변변치 않은 벼슬도 사양하지 않았다. 맹자는 이 세 사람이 같은 방법은 아니지만 한 가지를 추구하였는데 그것이 인仁이라 설명한다. 그러자 순우곤이 노魯나라 목공繆公 때 공의자公儀子가 정치를 하고 자유子柳와 자사子思가 신하가 되었으나 노나라의 영토가 작아졌음을 들어 현자가 나라에 보탬이 되지 않는다고 주장한다.

다시 맹자가 우虞가 백리해百里奚를 쓰지 않아 나라가 망했으나 진나라 목공穆公은 백리해를 등용하였기 때문에 패자가 되었음을 들어 현자를 쓰지 않으면 나라가 줄어드는 것으로 그칠 수 없음을 말한다. 이에 순우곤은 노래를 잘 부르는 왕표王豹가 기수淇水가에 살아서 하서河西 지방 사람들이 노래를 잘 불렀으며 화주華周와 기량杞梁의 아내가 그 남편이 죽자 슬피 울었기 때문에 나라에 풍속이 변하였음을 들어 안에 있는 것이 반드시 밖으로 나타난다는 논리를 편다.

맹자는 순우곤을 설득하기 위해 이번에는 공자의 사례를 들어 설명한다. 공자가 노나라의 사구司寇가 되었으나 쓰임을 받지 못하므로 떠나려는 뜻이 있었으나 행동에 옮기지 못하고 있었다. 왕을 모시고 제사를 지냄에 번육燔肉이 이르지 않으니 면복冕服을 벗을 겨를이 없이 떠나갔다. 이를 두고 모르는 사람은 고기 때문이라 생각했고 아는 사람은 무례하다고 생각하였다. 공자께서는 변변치 않은 허물을 구실로 떠나가시려 한 것이며 또 아무 이유도 없이 구차하게 떠나가시는 것도 원치 않았다. 주석에 따르면 부모의 나라에 있는 임금과 재상의 잘못을 들추어내고 싶지 않았기 때문이라고 설명한다.

맹자는 군자가 행하는 일을 대중이 진실로 다 알 수 없음을 들어 인仁이란 현자의 마음이라 말한다. 마음은 명성과 공적으로 나타나기도 하지만 반드시 그런 것은 아니다. 순우곤이 눈에 보이는 명실名實을 강조하였다면 맹자는 현자의 마음과 행동을 보아야 한다고 설득한다.

누구든 쉽게 볼 수 있는 명성과 공적만으로 세상일들을 평가하기 쉽다. 그러나 어진 사람이란 진솔한 마음을 볼 수 있는 지혜의 눈으로 세상을 보아야 한다. 어진 사람仁者은 오늘날의 언어로 볼 때 착한 사람이 아니라 지혜로운 사람, 즉 현자에 가깝다. 현자는 눈에 보이는 것에 얽매이는 사람이 아니라 눈에 보이는 것을 초월하는 마음을 볼 줄 아는 자유인을 의미한다. 인이란 현자의 따뜻한 마음이고 자유인의 깨달음이며 실천이다.

소는 보고 양은 보지 못하다

제선왕齊宣王과 맹자의 대화 가운데 흔종釁鐘과 관련된 이야기가 양혜왕 편에 담겨 있다. 흔종이란 새로 주조한 종鐘에 짐승의 피를 발라 신神에게 제사를 지내는 의식을 말한다. 맹자가 백성을 보호하면 왕이 될 수 있다고 하자 제선왕이 자신도 그것이 가능한지 물었다. 그때 맹자는 가능하다고 하면서 자신이 제선왕의 신하 호흘胡齕에게서 들은 이야기를 말한다.

제선왕이 당상堂上에 앉아 있을 때 소를 끌고 당堂 아래로 지나가는 사람이 있어 왕이 소를 어디로 데려가느냐고 물었다. "이 소를 앞으로 흔종에 쓸려고 한다."고 대답하자 왕은 놓아 주라고 말하면서 죄가 없는 소가 벌벌 떨며 사지死地로 가는 것을 못 보겠다고 했다. 이에 소를 끌고 가는 사람이 흔종의 의식을 그만두라는 것이냐고 되물었을 때 왕은 흔종을 폐지할 수는 없고 양羊으로 바꾸라고 했다.

이 일에 대해 맹자가 사실이냐고 물었을 때 제선왕이 그런 일이 있었다고 확인해 주었다. 이에 대해 백성들이 제선왕이 제물祭物에 인색하다고 생각하지만 맹자는 이런 마음씨가 왕이 되시기에 충분하다고 말한다. 그러면서 백성들이 적은 것으로 큰 것을 대신하게 했다고 여기는 것을 이상하게 생각하지 말라고 조언한다.

제선왕은 자신이 소를 양으로 바꾸라고 명령하였지만 왜 그런 선택을 하게 했는지 자신도 이해가 되지 않아 맹자에게 웃으면서 되묻는다.

> 그때 그 마음이 진실로 어떤 마음일까요? 나는 재물을 아끼려고 소를 양으로 바꾼 것은 아니지만 백성들이 내가 인색하다고 말하는 것도 합당함이 있습니다.
>
> 王笑曰 是誠何心哉 我非愛其財以易之以羊也 宜乎百姓之謂我愛也〈梁惠王 上〉

여기에서 제선왕의 생각이 많이 객관적으로 변화되었음을 읽을 수 있다. 맹자의 노력이 제선왕의 사유를 업그레이드시켰다. 맹자는 여기에서 더 나아가서 다음과 같이 사유의 전환을 꾀한다.

> 비록 백성들의 비판이 있더라도 해(害)가 되지 않았습니다. 이것이 곧 어진 방책입니다. 소는 보았으나 양은 보지 못했습니다. 군자는 금수에 대해서 살아 있는 것을 보고 그 죽음을 차마 보지 못하고 짐승의 울음을 듣고 그 고기를 차마 먹지 못합니다.
>
> 曰無傷也 是乃仁術也 見牛未見羊也 君子之於禽獸也 見其生 不忍見其死 聞其聲 不忍食其肉〈梁惠王 上〉

맹자가 말한 '어진 방책仁術'은 무엇을 의미하는가? 주석에 따라 되짚어 보면 제선왕은 소를 죽이는 것도 마음이 아프지만 흔종 또한 폐기할 수 없는 난처한 상황이었다. 이 상황에서 제선왕이 선택한 방법은 소 대신 양을 사용하라는 것이었다. 제선왕은 자신이 그 선택을 했으면서도 그 의미를 인식하지 못했다. 오히려 백성들이 제물에 인색하다는 반응을 보였을 때 답답하고 화가 났다. 그러나 맹자는 제선왕과 같은 생각을 하는 사람에게도 상처를 주지 않았고 흔종의 의식으로 표현되는 백성들의 바람도 해결하였으므로 제선왕의 정책이 '인술仁術'이라고 높이 평가한다.

우리의 생각은 많은 부분 우리의 경험에 의존한다. 흔종에 소를 사용하는 것은 당시의 관례였고 제선왕은 사지死地에 끌려가는 소의 공포에 떠는 모습을 보았다. 제선왕은 소의 두려워 떠는 모습은 보았으나 양羊의 경우는 보지 못했다. 그러므로 소를 양으로 바꾸는 정책의 변화를 꾀하였다. 맹자는 불편한 상황을 타개하기 위한 제선왕의 방책 이면에 담겨 있는 그의 어진 마음을 보았다. 맹자가 생각한 좋은 정치는 이 '어진 마음'으로부터 비롯되어야 한다고 보았다.

맹자와 제선왕의 대화는 여기에서 끝나지 않는다. 맹자의 칭찬에 대해 제선왕이 우쭐해져 내가 이를 행하고 돌이켜 생각해 보아도 깨달아지는 바가 없었는데 맹자의 말을 듣고 나니 그때의 느낌이 확실하게 되살아난다고 말한다. 그러면서 측은한 마음을 갖는 것이 왕도에 합당한 까닭에 관해 물었다.

맹자는 제선왕의 사유思惟를 다시 한번 업그레이드시키기 위해 다른 비유를 끌어들인다. 어떤 사람이 왕에게 말씀 올리기를, 자신의 힘은 3천 근이나 나가는 물건을 들어 올릴 수가 있어도 새털 하나는 들어 올리지 못하고, 자신의 시력은 새나 짐승의 솜털까지 구별할 수 있으나 수레에 가득 실린 나무는 볼 수 없다고 하면 이 말을 믿겠느냐고 묻는다. 이때 제선왕이 그것을 믿을 수 없다고 말하자 제선왕을 깨우치기 위해 맹자는 다음과 같이 말한다.

> 지금 왕의 은혜는 능히 금수에게까지 미칠 정도이지만 그 은혜가 백성들에게 미치지 못하는 것은 왜 그렇습니까? 무릇 새털 하나를 들어 올리지 못하는 것은 힘을 쓰지 않기 때문이지 못 드는 것이 아닙니다. 또한, 수레에 가득 실은 나무가 보이지 않는 것은 그 뛰어난 시력을 쓰지 않기 때문이지 못 보는 것은 아닙니다. 백성들이 안심하고 생활할 수 있도록 보호받지 못하는 것은 왕께서 은혜를 베풀지 않기 때문입니다. 그러므로 왕께서 훌륭한 왕이 못되신 것은 단지 안 하신 것이지 할 수 없기 때문이 아닙니다.
>
> 今 恩足以及禽獸而功不至於百姓者 獨何與 然則一羽之不擧 爲不用力焉 輿薪之不見 爲不用明焉 百姓之不見保 爲不用恩焉 故王之不王 不爲也 非不能也〈梁惠王 上〉

우리는 흔히 '하지 않는' 것과 '할 수 없는' 것을 구분한다. 맹자의 논리에 따르면 태산을 끼고 북해를 건너는 일은 할 수 없는 일이지만 어른을 위해 나뭇가지를 하나 꺾어 주는 일은 마음만 먹으면 할 수 있는 일인데 하지 않은 것이다. 제선왕이 동물에게까지 다가

가는 그 어진 마음을 백성들에게 기울인다면 충분히 백성의 안위를 돌볼 수 있는 일인데 제선왕이 비판을 받는 것은 할 수 있는 일을 하지 않은 것이라고 조언한다.

그렇다면 제선왕의 '인정仁政'을 가로막는 장애물은 무엇인가? 그것은 제선왕의 마음의 눈을 어둡게 했던 패권에 대한 욕심 때문이었다. 제선왕은 욕심 때문에 마음에 때가 끼어 이웃과 백성을 볼 수 없었다.

> 그렇다면 왕의 커다란 욕망을 알 수 있습니다. 영토를 넓혀 진(秦)나라와 초(楚)나라 같은 대국을 복종시키고 천하에 군림하여 사방의 오랑캐들에게까지도 위엄을 보이시려 합니다. 이같이 하고자 하는 바를 구하면 마치 나무 위에 올라가 물고기를 찾는 것과 같습니다.
>
> 然則王之所大欲可知已 欲辟土地 朝秦楚 莅中國而撫四夷也 以若所爲 求若所欲 猶緣木而求魚也〈梁惠王 上〉

앞에서 제선왕이 소는 보고 양은 보지 못했던 것은 경험의 문제이다. 경험하지 못한 부분은 경험을 통해 볼 수 있고 보는 것은 앎에 이르는 길이다. 그러나 제선왕이 패권의 욕망에 눈이 어두워 보지 못하는 것은 나무 위에 올라가 물고기를 찾는 일보다 어리석은 일이라고 맹자는 주장한다. 욕심이 앞서게 되면 현상을 객관적으로 보지 못하고 자신이 보고자 하는 것만 보고 현상을 왜곡하는 어리석음을 범하게 된다.

맹자가 보았던 '인술仁術'은 제선왕이 꿈꾸었던 커다란 욕망이 아니라 가까운 곳, 내 이웃에게 어진 마음을 보이고 확산해 나가는 방법이다. 작은 실천이 커다란 실천을 가져온다는 것이 맹자의 인술이다.

> 내 집안의 어른을 공경하는 것으로 시작하여 그 마음을 남의 집 노인에게 미치게 하고, 내 집안의 아이를 사랑하는 것으로 시작하여 그 마음을 남의 집 아이에게까지 미치도록 하면 천하를 손바닥 위에서 움직일 수 있는 것입니다.
>
> 老吾老以及人之老 幼吾幼以及人之幼 天下可運於掌〈梁惠王 上〉

우리가 사물을 본다는 것은 마음으로 사물을 보는 것이고 우리의 마음은 우리가 경험하고 깨달은 것과 무관하지 않다. 또한, 우리의 마음은 우리가 경험하고 깨달은 것으로 제한되지 않는다. 우리의 마음은 미래를 향하여 우리가 경험한 것과 깨달은 것을 비추어 볼 수 있다. 우리의 마음은 과거를 평가하고 현재를 선택하며 미래를 비추어 볼 수 있다. 그러므로 우리의 마음을 헤아려 보는 일이 모든 수신의 근본 뿌리가 된다. 우리의 마음이 욕심이라는 에고(ego)의 틀을 벗어나 존재의 깊은 뿌리인 우주와 하나가 되어 있음을 깨우치는 것이 수신의 길이다.

> 저울로 달아 본 뒤에야 가볍고 무거움을 알고 자로 재 본 뒤에야 길고 짧음을 아는 법입니다. 모든 물건이 다 그러하거니와 마음은 더욱 깊고 두텁습니다. 왕께 청하오니 마음을 헤아리시기 바랍니다.
>
> 權然後 知輕重 度然後 知長短 物皆然 心爲甚 王請度之〈梁惠王 上〉

나에게 있는 마음을 구하라

맹자의 진심장盡心章에 따르면 나에게 있는 것을 구하는 것은 얻음에 유익함이 있으나 밖에 있는 것을 구하는 것은 얻음에 유익함이 없다고 기록되어 있다. 여기에서 나에게 있는 것은 한마디로 요약하면 나의 '참 마음'을 의미한다.

> 맹자께서 말씀하셨다. 이것을 구하면 얻고 이것을 놓으면 잃는다. 이 구함은 얻음에 유익함이 있나니 내게 있는 것을 구하는 것이다. 그러나 밖에 있는 것을 구함에는 도가 있고 이것을 얻음에는 명(命)이 있어 내 마음대로 되는 것이 아니다. 또한 이 구함은 얻음에 유익함이 없나니 밖에 있는 것을 구하는 것이다
>
> 孟子曰 求則得之 舍則失之 是求有益於得也 求在我者也
>
> 求之有道 得之有命 是求無益於得也 求在外者也 〈盡心章 上〉

아시다시피 맹자는 성선설을 주장한다. 인간의 본성은 선하다는 인식이다. 따라서 나에게 있는 것을 구한다는 말은 나의 마음을 구한다는 말이 된다. 나의 마음은 궁극적으로 '인의仁義'로 돌아갈 수

있는 '성性'이고 '이理'이다. 주석에 따르면 마음心은 사람의 신명神明이고 함께 사는 이치理이며 만사에 응답하는 것이라고 보았다.(心者, 人之神明, 所以具衆理, 而應萬事者也) 맹자는 사람들이 키우던 닭과 개를 잃어버리면 찾지만 마음은 잃어버려도 찾지 않음을 개탄하였다. 유가에서의 깨어 있는 마음, 본래의 진면목은 우연히 얻어지거나 마음을 놓아 버리는 것이 아니라 정진하는 자세를 의미하며 정성을 다하는 사유의 과정 그 자체를 말한다. 마음을 다한다는 것은 깨달음에 이르는 것을 의미한다.(盡心則知至之謂也)

> 맹자께서 말씀하셨다. 그 마음을 다하는 사람은 자신을 알고 자신을 앎으로
> 하늘의 이치를 안다.
>
> 孟子曰 盡其心者 知其性也 知其性則知天矣 〈盡心章 上〉

'성性'을 아는 것을 자신을 아는 것으로 돌려 말하였지만 이와 같은 해석은 진심장의 전체적인 맥락에서 보면 맹자가 전하고자 하는 의미라고 볼 수 있다. 의식의 주체인 자신을 제대로 아는 것이야말로 모든 앎의 기초이고 토대이다. 자신을 제대로 아는 것은 인간 삶의 토대인 하늘을 아는 길이 된다. 앎은 더불어 사는 삶의 통로가 된다. 우리의 마음이 흐르게 하여 소통하는 데는 깨달음이 소중하다. 우리의 마음이 경직된 사고가 아닌 열려 있는 사고를 지향해야 공감하고 소통하는 인간관계가 가능하다. 나와 너의 합리가 만나는 곳이 '중리衆理'이다. 마음을 온전히 보존하고 성숙하게

하는 것이 하늘의 소명을 다하는 길이다.

그 마음을 보존하고 그 성품을 함양하는 것이 하늘을 섬기는 것이다.

存其心 養其性 所以事天也 〈盡心章 上〉

유학의 가장 큰 사명은 '수신修身'이다. 하늘이 부여한 자아를 해치지 않는 것으로 시작하여 자아를 성숙시키고 꽃 피우는 것이 유학의 사명이며 책임이다.

오래 살고 일찍 죽는 것을 의심하지 않고 몸과 마음을 닦음으로써 명(命)을 기다리는 것이 명을 세우는 것이다.

殀壽 不貳 修身以俟之 所以立命也 〈盡心章 上〉

맹자의 수신은 나에게 준비되어 있는 모든 가능성을 꽃 피우는 일이다. 자아가 타자와의 만남을 통해 형성하는 인간관계이든 사물과의 관계이든 그 관계의 핵심은 내가 어떤 자세와 태도로 관계를 형성하는가가 매우 중요한 열쇠이다.

맹자께서 말씀하셨다. 만물이 모두 내게 갖추어져 있다. 자신을 비추어보아 참되면 즐거움이 이보다 클 수 없고 배려하여 행하면 인(仁)을 구함이 이보다 가까울 수 없다.

孟子曰 萬物皆備於我矣 反身而誠 樂莫大焉 強恕而行 求仁莫近焉 〈盡心章 上〉

주석에 따르면 '서恕'는 타인의 입장을 자신의 입장에서 바라보거나 자아를 타자의 입장에서 보는 자세를 의미한다. 나와 너의 마음의 경계를 벗어나는 것이 '서恕'이다. 남이 나와 같아지기를 바라기 이전에 내가 먼저 남의 입장에 서보는 자세이다.(恕, 推己以及人也) 우리가 어진 마음 곧 사람의 마음으로 돌아간다는 것은 나 자신을 비추어보아 거짓이 없는 것으로 내게 갖추어진 '이理', 즉 깨달음으로 돌아간다는 것을 의미한다. 나와 맞지 않는 일을 행한다는 것이 아니라 내 마음에서 우러나와 스스로 흐르는 깨달음과 사유, 그리고 그 실천을 강조한다. '서恕'를 강화하여 행한다는 말은 막힘을 열고 흐르게 한다는 말이 된다. 어진 마음은 다름이 아닌 상대를 배려하는 자세이고 이해와 공감을 통해 '서'에 이르는 것이다. '서'는 오늘에 맞게 번역한다면 소통과 같은 의미이다.

옛날 어진 천자는 제방을 막아 치수治水를 한 것이 아니라 물길을 뚫어 치수를 행하였다. 인간관계와 정치는 둑을 쌓아 통제하는 것이 아니라 물길을 열어 소통하고 이해하고 공감하는 데서 그 바른길을 열어야 한다. 이를 달리 말하면 마음을 열어 소통하고 이해하고 공감하는 데서 인간관계의 아름다운 길을 열어나가야 한다. 그 길이 사랑의 길이고 어진 마음에 이르는 길이고 사람의 본심으로 돌아가는 길이다. 그 길의 출발점은 바로 나의 마음에 갖추어진 어진 본바탕性에서 비롯된다.

부끄럼이 없음을 부끄러워하라

맹자는 부끄럼이 없음을 부끄러워하면 부끄럼이 없다고 하였다. 굳이 이중부정을 사용한 이유가 있다. 그것은 부끄럼이 없다는 도덕적 자만이 파멸을 가져올 수 있음을 경계하기 위한 것으로 보여진다. 부끄러워할 줄 아는 마음은 인간을 인간답게 하는 인간성과 도덕성의 원천이다.

맹자께서 말씀하셨다. 사람이 부끄럼이 없을 수 없다. 부끄럼이 없음을 부끄러워하면 부끄럼이 없게 된다.

孟子曰 人不可以無恥 無恥之恥 無恥矣 〈盡心章 上〉

남과 같지 못함을 부끄러워하지 않는다면 무엇이 남과 같은 것이 있겠는가?

不恥 不若人 何若人有 〈盡心章 上〉

정자程子의 주석에 따르면 사람이 부족함을 인식하면서 도전하는 것은 허락되나 그가 부족함을 인식하면서 이를 가리거나 숨기는 것은 허락할 수 없다고 설명하였다. 맹자에 언급된 부끄러워하는 마음을 확장시켜 오늘에 맞게 고친다면 마음으로 느끼는 것이라고 말할 수 있다. 특별히 부끄러움이 사람에게 있어 커다란 의미를 지니는 것은 그것이 수오지심羞惡之心의 추진력이라고 보았기 때문이다. 맹자의 사단 가운데 '의義'는 수오지심의 발현이고 이 '의'로 나아가는 힘, 수오지심의 마음을 지켜주는 동력이 부끄러움이라 보았다. 맹자는 부끄러움이 성현에 이르는 길이라 말하면서 이를 상실하면 금수와 다를 바 없다고 보았다.

맹자는 임시변통의 기교와 거짓이 부끄러움을 가리는 것이고 부끄러움을 사용하지 않는 것이라 보았다.

겉모양만을 변화시켜 속이고자 하는 것은 부끄러워하는 마음을 살아 움직이게 한 것이 아니다.

爲機變之巧者 無所用恥焉 〈盡心章 上〉

위의 맹자의 말에 주목하여 '무소용치(無所用恥)'를 직역하면 "부끄러움을 사용하지 않는다."는 의미가 된다. 이 말은 악을 미워하고 부끄러워하는 마음이 본래부터 인간에게 갖추어져 있어서 이를 사용하거나 작동시키면 임시변통의 헛된 기교에 빠지지 않는다는 뜻으로 읽을 수 있다. 맹자의 성선설은 인간의 가능성으로서 타고난 '아름다운 성(性, seed)'을 잘 꽃피우는 것이다. 우리의 타고난 가능성, 곧 마음은 고요한 바다와 같이 크고 심원한 것이다. 우리는 때로는 분노하고 때로는 평화를 느끼며, 때로는 남을 미워하다가도 사랑의 마음을 일으킨다. 희로애락喜怒哀樂의 정서 또한 우리의 마음의 바다 위에 존재한다. 다만 우리가 그 마음을 어떻게 쓰느냐에 따라 우리의 마음이 분노의 격정으로 남을 해치게 할 수도 있고 나와 네가 아름답게 공존할 수 있는 배려의 마음을 일으킬 수 있다.

맹자는 일을 계획하고 추진하는 지성적 요인과 '부끄러움恥'과 같은 감성적 요인이 별개로 작동하는 것이 아니라 상호 작용하는 관계에 있다고 보았다. 오늘날의 뇌과학이 우리에게 보여주는 것도 정서적 요인과 지적 요인이 인지적 과정으로 우리의 대뇌에서 통합되어 판단을 내리는 것으로 설명하고 있다. 우리가 우리의 마음을 어떻게 쓰는가는 우리의 인지과정이 어떤 판단을 내리는가 하는 문제와 같다. 이를 역으로 말하면 우리 마음의 능력을 사용하지 않으면 소멸된다는 논리가 된다. 부끄러워하는 마음을 사용하지 않고 거짓과 기교로 가리기 시작하면 수오지심의 의로운 도덕성에 때가 끼어 그 도덕성을 잃게 된다고 보았다. 나아가서 맹자는 인식의 문제보다 더 중요한 것이 실천이라고 보았다. 의로운 행동의 실천이 의로운 마음을 지키고 마음의 근력을 키운다는 것이 맹자의 생각이다.

맹자는 부끄러움을 가리거나 숨길 것이 아니라 부끄럽더라도 빛 가운데로 나아와 행동으로 부족함을 개선해 나아가야 한다고 주장한다. 조기趙岐의 주석에 따르면 자신의 자만심과 부족함을 인식하면, 이것이 능히 행동에 변화를 주고 선善을 따라 행하는 사람이 되게 하여 튼튼한 자존감을 형성하게 한다. 부끄러움을 아는 사람만이 자신을 욕되게 하는 일로부터 자신을 구할 수 있다. 부끄러움을 알고 느끼는 것은 우리의 자존감을 지키는 마지막 보루이다.

조기(趙岐)가 말하였다. 사람이 자신을 부끄러워할 수 있음이 부끄러움이 되지 않는 것은 이것이 행동을 개선하여 선한 사람이 되게 한다. 몸이 다할 때까지 부끄러움과 욕됨이 계속해서 쌓이지 않게 한다.

趙氏曰 人能恥己之無所恥 是能改行 從善之人 終身 無復有恥辱之累矣 〈盡心章句上 趙氏註〉

우임금의 지혜(禹之行水)

중국의 고사에 따르면 우임금의 치수治水에 관한 이야기가 있다. 우임금은 홍수의 범람을 막기 위해 둑을 쌓아 물을 가둔 것이 아니라 물이 아래로 잘 흐르도록 했다. 둑을 쌓아 자연히 흐르는 물길을 막아 물길이 바르게 흐르도록 조정한 것이 아니다. 우임금은 물의 흐름을 잘 살펴서 그 자연自然의 힘을 잘 이용하였다고 전한다. 즉, 자연의 이치와 흐름을 잘 따랐다는 뜻이다.

지혜 있는 자가 싫어하는 것은 인위적으로 천착(穿鑿)하는 것이다. 지혜로운 자는 우임금이 물을 다스린 것과 같이 한 즉 지혜를 싫어하지 않는다. 우임금이 물을 흐르게 한 것은 그 막힘이 없는 바를 행함이시니 지혜로운 자가 또한 지혜가 막힘이 없이 행하면 그 지혜 또한 크게 된다.

所惡於智者 爲其鑿也 如智者 若禹之行水也 則無惡於智矣 禹之行水也 行其所無事也 如智者 亦行其所無事也 則智亦大矣 〈離婁章句 下 26〉

맹자가 보았던 지혜의 핵심은 우임금이 물을 다스린 것과 같이 물의 흐름을 잘 파악하는 것과 같다고 보았다. 맹자의 지혜는 흐름 (flow)과 경향(trend)을 읽는 데서 시작하여 그 흐름을 거스르는 것이 아니라 잘 흐르도록 촉진하는 것이다. 지혜는 소통을 막는 것이 아니라 아래로 흐르도록 오히려 길을 터 주어야 한다. 한 가지에 천착하는 것이 아니라 물과 같이 변화할 수 있는 유연성이 요구된다.

맹자는 성性을 타고난 바의 이치와 품성이라 보았고, 성性을 말하면서 그 성의 흔적과 징표를 고故라고 보았다. 그리고 그 원인과 경험인 고故를 잘 살펴서 자연의 힘과 사물의 이치를 따르는 것이 지혜의 근본이라고 보았다.

> 맹자께서 말씀하셨다. "세상에서 성품이라고 말하는 것은 본래부터 가진 것(故)
> 뿐이다. 본래부터 가진 것은 자연의 힘(利)을 근본으로 삼는다."
>
> 孟子曰 天下之言性也 則故而已矣 故者以利爲本〈離婁章句 下 26〉

우임금의 지혜는 억지로 일을 도모하는 것이 아니라 먼저 사물의 이치와 세상의 흐름을 파악하는 것이 급선무임을 보여주고 있다. 우임금이 치수에 성공할 수 있었던 것은 둑을 쌓고 강물의 흐름을 막는 강직함이 아니라 막힌 곳이 없이 잘 흐르도록 하는 유연함에 있다. 물은 아래로 흐르고 막힌 곳이 있으면 돌아서라도 아래로 흐른다. 물의 이러한 특성을 잘 파악해야 치수에 성공할 수 있듯이 일을 추진하여 성취에 이르려면 일의 흐름을 잘 파악하여 일의 흐름을 막는 것이 아니라 잘 흐르도록 하여야 한다.

주석에 따르면 성性은 추상 개념에 가깝지만 고故는 눈으로 관찰되는 징표를 의미한다. 성에 이르는 방법으로 눈에 보이는 자취와 흔적을 통해 눈에 보이지 않는 성에 이를 수 있다고 보았다. 이는 우리의 육체에 드러난 모습을 보고 눈에 보이지 않는 정신을 유추해 보는 일이 가능한 것과 같다.

> 하늘이 높고 별들은 너무나 멀다. 진실로 그 징표(故)를 구하면 천년 전의 동지를 앉아서 계산할 수 있다.
>
> 天之高也 星辰之遠也 苟求其故 千歲之日至 可坐而致也 〈離婁章句 下〉

우임금 지혜의 실체는 눈에 보이지 않는 세계가 아니다. 눈에 보이는 세계, 관찰 가능한 세계, 경험의 세계를 바탕으로 눈에 보이지 않는 세계까지 헤아리는 것이다. 우임금의 지혜는 사실과 현상에 대한 바른 이해를 우선으로 한다. 또한, 그 지혜를 실천하는 방법은 인위적인 천착穿鑿이 아니라 사물의 이치와 도리에 맡기는 순리順理를 강조한다.

우리의 마음을 다스리는 이치도 우임금의 지혜가 시사하는 바가 크다. 우리의 마음이 천착으로 상징되는 아집에서 벗어날 때 우리는 다른 사람과 소통이 가능하다. 내 마음에 평화도 나의 아집에서 벗어나 열린 마음으로 세상과 만나야 한다. 나의 경험故 또한 아집의 틀 안에 가두어 두는 것이 아니라 공유를 통해 다른 사람과 소통이 되어야 제대로 된 앎의 면모를 갖추게 된다.

지혜로운 선택과 판단

우리는 항상 개인적으로나 사회적으로 중요한 선택과 판단을 해야 한다. 그 선택과 판단이 현명해야 오늘과 내일이 행복해지고 어제가 자긍심이 된다. 현명한 선택과 판단을 위하여 맹자는 다음과 같이 조언한다.

> 그러므로 높은 곳에 이르려면 언덕에 올라야 하고 낮은 곳에 이르려면 개울과 못으로 내려가야 한다. 정치를 행함에 선왕의 도를 근거로 하지 않으면 어찌 지혜롭다고 말할 수 있겠는가?
>
> 故曰 爲高必因丘陵 爲下必因川澤 爲政不因先王之道 可謂智乎 〈離婁章句 上〉

높은 곳을 오르려면 언덕에 올라 더 높은 곳을 파악해야 하고 낮은 곳에 이르려면 물의 흐름을 살펴보아야 한다. 물은 높은 곳에서 낮은 곳으로 흐르는 것이 자연의 이치이고 높은 산은 산줄기를 이루므로 언덕에 올라 산줄기를 살펴보아야 한다. 맹자가 말한 지혜의 제일 원칙은 자연의 이치와 역사의 경험을 보라는 것이다. 선왕의 도를 근거로 한다는 것은 역사를 보고 여기에서 지혜를 얻으라는 말이다. 자연의 원칙이 있듯이 역사를 살펴보면 선왕의 도에 인과관계가 성립한다고 보았다. 그 인과관계를 제대로 읽는 눈이 역사의 안목이라 할 수 있다. 역사의 안목으로 보면 역사의 산줄기와 시대의 흐름을 읽을 수 있다는 비유적인 설명이기도 하다.

한편 맹자는 일을 추진함에 있어 관찰과 기술도 중요하지만, 현상에 대한 정확한 측정과 사실에 관한 정확한 정보에 근거해야 한다고 보았다.

> 맹자께서 말씀하셨다. "이루(離婁)의 밝은 시력과 공수자(公輸子)의 교묘한 기술로도 규(規)와 구(矩)를 쓰지 않으면 사각형과 원을 만들 수 없고, 사광(師曠)의 예민한 청각으로도 육률(六律)을 쓰지 않으면 오음(五音)을 바르게 할 수 없으며, 요순의 도로도 인정(仁政)을 행하지 않으면 천하를 화평하게 다스릴 수 없다."
>
> 孟子曰 離婁之明 公輸子之巧 不以規矩 不能成方員 師曠之聰 不以六律 不能正五音 堯舜之道 不以仁政 不能平治天下 〈離婁章句 上〉

우리가 사각형을 그릴 때 곱자矩를 사용하고 원을 그릴 때 규規를 사용하는 것은 눈이 밝더라도 눈대중으로 만드는 것은 정확성을 보장할 수 없기 때문이다. 마찬가지로 오음五音을 바르게 사용하려면 육률六律을 이용해 음을 측정해야 한다. 맹자는 규規와 구矩가 도형을 그리는 도구이면서 척도이고 육률이 소리를 가늠하는 도구이자 척도라고 보았다. 맹자는 이상적인 가치인 요순堯舜의 도

道도 인정仁政으로 실천하지 않으면 천하를 화평하게 할 수 없다고 보았다. 범씨范氏의 주석에 따르면 인정仁政은 천하를 다스림에 법도(法度)가 없을 수 없으므로 그 법도法度로써 다스리는 것을 의미한다. 사각형과 원을 그릴 때 규와 구 같은 척도가 필요하듯이 정치를 행함에 있어서 법도가 요구된다. 물론 그 법도는 민생과 민심에 근거한 것이어야 하고 중지를 모아 제도화된 것 또한 존중되어야 한다. 법치가 이루어져야 하고 동시에 민심을 읽어야 한다. 민심을 읽는 바른길正道은 현장에 가서 백성의 소리를 들어야 한다. 그것이 실재에 가까운 백성의 마음을 읽고 소통하는 길이다.

맹자가 보았던 지혜의 최종적 방편은 진정성과 정성을 다하는 태도이다. 마음과 생각을 온전히 기울여 인간 본연의 심성에 합당한 정책을 꾸준히 펼쳐 나가면 어진 마음이 세상을 덮을 수 있다고 믿었다.

이미 마음과 생각을 다하고 그것에 이어 불인인지정(不忍人之政)을 실천하였으니 인자함이 천하를 뒤덮었던 것이다.

旣竭心思焉 繼之以不忍人之政 而仁覆天下矣 〈離婁章句 上〉

선비(士)의 도(道)

맹자에 따르면 천하에 도가 있으면 도로서 몸을 따르게 하고 천하에 도가 없으면 몸으로 도를 따르게 하라는 말이 있다.

孟子曰 天下有道以道殉身 天下無道以身殉道 〈眞心章句 上〉

주석에 따르면 이 말은 도가 있는 세상에서는 몸을 드러내어 도를 실천하고 무도한 세상에서는 몸을 내세우지 말라는 뜻이라 풀었다. 그러나 선비의 도로 말하면 몸이 실천적으로 도를 따르게 하라는 뜻으로 보아야 한다.

유가의 기본 태도는 도피가 아니라 현실 응시와 현실 개혁에 있다. 고려말의 선비 정몽주와 조선 초의 사육신의 삶은 무도한 세상에서 산속으로 숨은 것이 아니다. 그들의 삶은 현실을 바로 응시하여 불의에 참여하지 않거나 불의한 현실을 개혁하고자 했다. 그들의 몸은 정몽주의 시처럼 백골이 진토塵土되었으나 그들의 도와 정신은 살아 있다.

선비에게 있어 그가 지향하는 도는 가치이자 정신이다. 제齊나라의 왕자 점塾이 선비가 무슨 일을 하냐고 물었을 때 맹자는 '뜻志'을 받들고 높이는 것이라 말했다. 즉 '상지尙志'라는 말로 표현된 선비의 역할은 우리 사회의 길(vision)을 제시하고 실천하는 사람이라고 볼 수 있다. 그 도의 지향점은 한마디로 표현하면 '인의仁義'이다. 중요한 것은 '인의'라고 표현된 정의가 인간보다 소중한가 하는 문제이다. 여기에서 유가의 도학사상은 생존기간으로서의 유한한 삶보다 이른바 영원한 삶으로서의 정신과 가치를 소중히 여긴다. 정몽주의 삶은 올바른 삶을 위해 그의 목숨을 버렸고 그것은 사육신의 삶도 마찬가지이다. 그들의 삶은 인의를 위해 바쳐졌다. 천명을 다하기 위해 몸을 희생했다. 유가의 생사관은 이와 같은 것이고 그의 삶은 역사가 증언하고 평가한다. 맹자의 표현을 빌리면 "도가 사람을 따라 죽었다는 말을 듣지 못했다.(未聞以道殉乎人者也)"고 한다. 선비는 사적인 욕심과 아집에 사로잡혀 진리를 버려서는 안 된다. "진리가 너희를 자유케 하리라."는 말은 유가의 말을 빌리면 "인仁에 살고 의義로 나아가면 너의 삶이 자유롭게 된다."는 말로 치환될 수 있다. 인의는 고정된 개념이 아니라 동적인 인식과 실천을 지향한다. 깨달음과 그 실천을 통해 끊임없이 새로운 지평을 열어가는 것이 자유인의 자세와 태도이고 선비의 도道이다.

행복의 열쇠

맹자가 보았던 행복의 열쇠는 인仁이다. 인은 '인간 됨'이고 맹자의 인간 됨은 생득적인 것이고 인간의 보편적 정서다. 따라서 그의 인의 핵심은 이른바 '불인인지심不忍人之心'이다. 이른바 불인인지심은 이기심이 아니라 이타심의 가능성을 본래부터 지니고 있음을 강조한다. 달리 말하면 에고(ego)가 아니라 인간의 공통성을 깨닫고 실천해야 한다. 인간에겐 측은지심惻隱之心, 수오지심羞惡之心, 사양지심辭讓之心, 시비지심是非之心이 있어 이와 같은 인간성이 표현될 수 있다는 선언이며 이와 같은 인간성이 자연스럽게 구현될 때 개인적으로나 사회적으로 온전한 행복에 이를 수 있다고 보았다.

맹자께서 말씀하시길 사람에겐 모두 사람에 대하여 참지 못하는 마음이 있다. 선왕이 사람에 대하여 참지 못하는 마음이 있어 이것이 인간에 대한 사랑의 정치가 있게 한다. 인간에 대한 사랑의 마음으로 인간을 위한 정치를 행하면 천하를 다스리는 일이 손바닥 위에서 이루어질 수 있다.

孟子曰 人皆有不忍人之心 先王 有不忍人之心 斯有不忍人之政矣 以不忍人之心

行不忍人之政 治天下 可運於掌上〈公孫丑章句 上〉

맹자가 보았던 인본주의의 정치, 휴머니즘의 정치는 그 출발점이 인간의 보편적 정서에서 출발한다. 그 보편적 정서인 인간에 대한 사랑의 마음이 이지러지는 것은 인간의 물욕과 집착에서 비롯된다고 보았다. 맹자는 물욕과 집착이 인간 존재의 생득적 기본 정서라고 보지 않았다. 유가가 보았던 물욕과 집착에서의 해방은 생득적인 기본정서의 단초인 측은지심을 확장시키고 충만하게 하는 것이라고 보았다. 비유적으로 말하면 물욕과 집착이라는 음지에서 벗어나는 길이 측은지심으로 표현되는 양지로 나아가 이를 확장하고 충만하게 하는 데 있다고 보았다.

사람에게 이 사단(仁義禮智)이 있음이 그 몸에 사체(팔과 다리)가 있음과 같다. 이 사단이 있음에도 스스로 할 수 없다고 말하는 것은 스스로 자신을 도둑질하는 것이다. 군주가 스스로 할 수 없다고 이르는 것은 그 군주의 자리를 도둑질하는 것이다. 무릇 나에게 사단이 있는 것은 이를 확대하고 충만하게 하여야 함을 알고 이를 비로소 불 피우는 것과 같고, 샘이 비로소 흐르게 하는 것과 같다. 진실로 이를 충만하게 하면 사해를 채울 수 있고, 이를 소홀히 하면 부모를 섬김에도 족할 수 없다.

人之有是四端也 猶其有四體也 有是四端而自謂不能者 自賊者也 謂其君不能者 賊其君者也 凡有四端於我者 知皆擴而充之矣 若火之始然 泉之始達 苟能充之 足以保四海 苟不充之 不足以事父母〈公孫丑章句 上〉

우리에게 부여된 인간의 숭고한 도덕적 감성과 책임을 소홀히 하는 것은 자신을 기만하고 상실하게 하는 행위이며 도적과 같다고 보았다. 그러면서 동시에 우리에게 부여된 그 씨앗을 잘 키우고 충만하게 하는 것이 도덕적으로 풍요로운 사회로 나아가는 길이라고 보았다. 휴머니즘에 바탕을 둔 인간애를 불 피우고 물 흐르게 하는 일이 우리 공동체를 건강하게 성장시키는 것이다.

한 인간과 공동체의 운명과 행복을 결정짓는 열쇠는 자신에게 있다. 자신이 그 가능성을 어떻게 관리하고 선택하고 결정하는가에 따라 우리의 운명은 달라진다.

화(禍)와 복(福)이 자기로부터 비롯되지 않는 것이 없다. 시에 이르기를 깊은 생각과 천명에 부합하는 삶은 스스로 많은 복을 부른다. 태갑에 이르기를 하늘이 만든 재앙은 피할 수 있지만 스스로 만든 재앙은 살 수 없게 만드나니 이것을 의미한다.

禍福 無不自己求之者 詩云永言配命 自求多福 太甲曰 天作孽 猶可違 自作孽 不可活 此之謂也 〈公孫丑章句 上〉

인간의 화와 복이 결국은 자신의 선택과 실천에 의해 결정된다. 우리 스스로가 만든 화는 외부에 의해 결정된 화보다 이를 피할 수 없게 만들고 결국은 우리의 운명을 결정한다. 유가에서 화를 피하는 근본적 처방은 미리미리 사전에 대비하고 준비하는 태도이다.

시에 이르기를 하늘이 비를 내리지 않을 때, 새들은 뽕나무 뿌리의 껍질을 벗겨

보금자리의 출입구를 엮어 대비한다. 이와 같이 하면 지금 민중이 감히 나를 비웃겠는가? 공자 말씀하시기를 이 시를 읊은 자는 그가 도를 안다. 능히 그 나라를 다스리면 누가 감히 이를 업신여기겠는가? 이제 국가가 여유가 있을 때 즐기기만 하고 게으르며 방탕하면 이는 스스로 화를 부르는 것이다.

詩云 迨天之未陰雨 徹彼桑土 綢繆牖戶 今此下民 或敢侮予 孔子曰 爲此詩者 其知道乎 能治其國家 誰敢侮之 今國家閒暇 及是時 般樂怠敖 是自求禍也〈公孫丑章句 上〉

유가의 논리는 철저하게 현실적이고 객관적이다. 화와 복의 근본 원인은 자신이고 화와 복을 부르는 것은 나의 평상시의 자세와 선택에 좌우된다. 내가 미리 준비하고 대처하면 화를 막는다. 깊은 깨달음과 천명을 따르면 스스로 많은 복을 부르는 원인이 된다. 우리는 오늘 본인이 처한 현실에서부터 출발하여 복을 부르고 화에 대비해야 한다. 우리가 스스로 부른 재앙은 우리를 파멸에 이르게 하고 우리가 스스로 부른 복은 진정한 의미의 행복, 즉 의미 있는 삶과 성장을 가져온다.

더불어 맹자가 생각한 행복은 함께 선하게 되는 것을 의미한다. 자신만 선하고자 하는 독선이나 남과 함께 함으로써 선을 잃어버리는 것이 아니다. 남과 더불어 이웃과 더불어 선하게 됨을 강조한다. 여럿이 함께 가는 행복의 길이 군자의 큰길이다.

남에게서 선을 취하여 선하게 됨이 이것이 남과 더불어 선하게 되는 것이다. 그러므로 군자에겐 남을 도와 남과 더불어 선하게 되는 것보다 큰 것은 없다.

取諸人以爲善 是與人爲善者也 故君子莫大乎與人爲善〈公孫丑章句 上〉

마음으로 실천하는 것과
이름으로 실천하는 것

　인의仁義는 맹자가 가장 중시한 두 가지 가치이다. 맹자의 비유에 따르면 인仁은 우리가 머물러야 할 안식처이고 의義는 사람이 가야 할 바른길이다. 인은 출발점이자 종착역이고 의는 여행의 과정이다. 그러나 그 인의를 마음으로 실천하는 것과 명예나 이해利害의 이름으로 실천하는 것을 구분하였다. 순舜임금이 모든 사물에 밝고 인륜을 살펴 인의의 마음으로 실천한 것이지 인의를 외식外飾으로 행한 것이 아니라고 말하고 있다.

　　순(舜)임금은 모든 사물에 밝고 인륜을 살펴 인의의 마음으로 실천한 것이지 인의를 행한 것이 아니다.

　　舜 明於庶物 察於人倫 由仁義行 非行仁義也 〈離婁章句 下〉

　문맥으로 보면 사물의 이치에 밝고 인륜에 밝아 인의를 알고 자연히 행동으로 옮긴 것이지 인위적으로 인의를 행한 것이 아니라는 의미이다. 주석에 따르면 사물의 이치와 인륜을 이해하고 자발적으로 인의를 행하여야 편안하게 실천하는 것이지 인의를 아름답다고 표방한 이후에 억지로 행동하는 것은 편안하게 실천하는 것이 아니라고 설명한다. 전자와 후자의 차이점은 전자의 주체는 나 자신이지만 후자의 주체는 나 자신이 아닌 공명심이나 이해관계일 수밖에 없다. 자유인의 행동은 마음에서 우러나와 자연스럽게 실천이 이루어져야 한다. 공명심이나 이해관계는 맹자가 경계하는 범위를 벗어난 욕심에서 비롯된 것이다.

맹자에 따르면 사람이 금수와 다른 것은 매우 적은데 뭇사람들이 인륜을 잃고 군자는 이를 지킨다. 여기에서 인륜은 사람으로 태어날 때 부여받는 우주의 이성인 성性과 우주의 기운인 형形을 잘 보존하고 꽃피우는 것을 의미한다. 사람이 형기形氣의 올바름, 곧 몸의 건강함을 지켜 그 가능성, 곧 성性을 온전히 꽃피우는 것이 사람이 가야 할 인의仁義의 길이다. 인륜을 잃는 것과 이를 잘 보존하고 꽃피우는 일은 작은 차이이지만 그 차이가 금수禽獸와 사람은 구분하는 큰 차이를 낳을 수 있다.

> 맹자께서 말씀하셨다. 사람이 금수와 다른 것은 매우 적으나 서민은 인륜을 버리고 군자는 인륜을 꽃피운다.
>
> 孟子曰 人之所以異於禽獸者 幾希 庶民 去之 君子 存之 〈離婁章句 下〉

사람이 건강하게 산다는 것은 인仁이란 거처에 살면서 의義라는 올바른 길로 나아가는 것이며 인의의 뿌리는 마음에 두어야 한다

는 생각이 맹자의 믿음이었다. 삶의 종착역에서 그 받은바 천명을
온전히 꽃피우는 것이 맹자의 꿈이었다.

하늘의 뜻

　맹자의 제자 만장萬章이 맹자에게 "요堯임금이 천하를 순舜임금에게 주셨다고 하는데 그와 같은 일이 있었습니까?"라고 물었을 때 맹자는 "아니다. 천자라고 하여 천하를 다른 사람에게 마음대로 줄 수는 없는 것이다."라고 답한다. 그러면서 순이 천하를 얻은 것은 하늘이 준 것이라고 답한다. 이에 만장이 하늘이 주신다는 것은 말로 천명을 내리시는 것이냐고 묻자 맹자는 하늘이 말이 없으므로 행동行과 사실事로써 보여줄 뿐이라고 말한다. "하늘이 보여주는 행行과 사事는 무엇을 의미하는가?" 만장이 다시 묻자 맹자는 예를 들어 설명한다.

　천자가 사람을 하늘에 추천할 수 있지만, 하늘이 천하를 주게할 수 없고 제후가 사람을 천자에게 추천할 수 있지만, 천자가 이 사람을 제후로 쓰게 할 수는 없다는 논리를 편다. 그러면서 옛날에 요임금이 순임금을 하늘에 추천하였고 하늘이 이를 받아들여 백성에게 보이시니 백성이 받아들였다고 설명한다. 그러면서 하늘이 말이 없지만 이같이 행동과 사실로서 보일 뿐이라고 설명한다.

그러자 만장萬章은 또다시 "하늘이 받아들이고 백성에게 이것을 보이니 백성이 받았다."는 말이 무엇을 의미하는지 되묻는다.

맹자는 이에 대해 순임금이 제사를 주관하였더니 백신百神이 이를 받아들이니 이것이 하늘이 받아들인 것이고, 나랏일을 맡아 보게 했더니 나라가 잘 다스려져서 백성들이 편안해진 것은 백성이 받아들인 것이라 설명한다. 그리고 순임금이 28년 동안 요임금을 도와 섭정을 한 것은 사람의 힘으로 할 수 있는 것이 아니므로 하늘의 뜻이라 말한다. 또 다른 예는 요堯가 세상을 떠나자 삼년상을 끝내고 요의 아들을 피해 남하南河의 남쪽으로 옮겨 갔지만 조회하려는 제후들이 요의 아들에게 가지 않고 순임금에게 갔으며 송사訟事하려 하는 자도 요의 아들에게 가지 않고 순舜에게 갔다. 맹자는 순임금이 요의 궁전에 머물면서 요의 아들을 핍박하였다면 찬탈이지만 순의 행동과 나타난 사실이 하늘의 뜻이라 보았다. 주석에 따르면 행行은 몸으로 나타나고 사事는 천하에 나타나는 현상을 의미한다. 부언하면 행行은 통치자의 행동을 의미하고, 사事는 세상의 흐름, 오늘날의 용어로 말한다면 민심과 같은 개념이다. 그러면서 하늘은 추상 개념이므로 태서太誓의 말을 인용하여 천심天心이 민심民心과 같고 민심民心이 천심天心과 같다고 주장한다.

태서(太誓)에 하늘은 우리 백성이 보는 것을 따르며, 하늘은 우리 백성이 듣는 것을 따른다고 하였는데 이것을 말하는 것이다.

太誓曰 天視自我民視 天聽自我民聽 此之謂〈萬章章句 上〉

맹자는 백성의 눈에 비친 모습과 백성의 귀에 들려오는 소리가 하늘의 뜻을 나타내 보이는 것이라 보았다. 여기에서의 민심은 오늘날 우리가 흔히 사용하는 여론이라는 말과 유사하지만 동일 개념은 아니다. 일시적으로 우리는 여론을 조작하는 경우를 볼 수 있다. 여론은 민심을 반영하지만, 여론이 곧 민심이라고 말할 수는 없다. 민심은 오랜 시간 살펴보아야 하고 세상의 현상과 보편적 진리가 만나는 중심점이라 보아야 한다. 변수이기도 하지만 상수이기도 하다. 백성에게 보이는 현상은 변수이지만 민심과 천심이 만나는 핵심은 상수이기도 하다.

인간이 겸손해야 한다는 것은 우리가 보고 듣는 현상이 전부일 수 없고 인간의 지식과 지혜에는 한계가 있기 때문이다. 그러나 겸손하게 하늘의 뜻을 헤아려 세상을 복되게 해야 할 의무가 우리에게 있다. 나 자신을 위해서 이웃을 위해서 겸허한 자세로 하늘의 뜻을 읽어야 한다.

입명(立命)과 정명(正命)

'입명立命'은 하늘로부터 부여받은 천명, 곧 성性을 온전하게 구현하는 것이고 이를 위해 맹자는 수신修身을 강조한다.

> 일찍 죽고 오래 사는 일에 의심을 두지 않고 몸을 닦아서 이를 기다리는 것은 천명을 구현하는 방법이다.
>
> 殀壽 不貳 修身以俟之 所以立命也 〈盡心章句 上〉

일찍 죽고 오래 사는 일, 곧 수명은 사람이 이를 좌지우지할 수 없는 일이므로 몸을 닦아 천명을 따르는 수밖에 없다. 그렇다면 수신의 대상은 무엇인가?

> 그 마음을 보존하고 그 성(性)을 꽃피우는 것이 하늘을 섬기는 것이다.
>
> 存其心 養其性 所以事天也 〈盡心章句 上〉

수신의 대상은 마음을 잘 보전하고 타고난 가능성을 잘 꽃피우는 것이다. 맹자의 표현에 따르면 마음에 정성을 기울여야 가능성을 발견하고 그 가능성을 아는 것이 하늘의 뜻을 아는 것이라 보았다. 마음은 역동성을 지니고 우리의 존재 이유와 가치를 깨닫게 한다. 맹자의 논리는 하늘의 이치와 한 개인의 존재 이유가 상통한다고 보는 통섭의 논리이다. 맹자는 씨앗을 꽃 피우는 일이 인위적인 것이 아니라고 보았다. 이는 수신의 길이 인위적인 것이 아니라는 말과 상통한다. 씨앗을 꽃피운다는 것은 본래부터 갖고 태어난 가능성을 꽃피운다는 말이다.

> 맹자가 말씀하셨다. "구한즉 이를 얻고 버린즉 이를 잃나니 이와 같은 노력은 얻음에 유익함이 있다. 이는 내게 있는 것을 구하는 것이다. 이를 구함에 법도가 있고 이를 얻음에 명이 있어 이와 같은 노력은 얻음에 유익함이 없다. 이는 밖에 있는 것을 구하는 것이다."
>
> 孟子曰 求則得之 舍則失之 是求 有益於得也 求在我者也 求之有道 得之有命 是求 無益於得也 求在外者也 〈盡心章句 上〉

여기에서 내게 있는 것이란 타고난 것으로 맹자에게 있어 인仁과 의義는 타고난 인성人性이다. 이는 구하면 얻을 수 있고 버리면 잃게 된다. 인위적인 조작보다는 시간을 가지고 기다리며 잘 자랄 수 있도록 보살펴 줄 뿐이다. 그러나 부귀富貴는 이를 얻음에 방법이 있고 마음대로 이루어지는 일이 아니다. 또한, 부귀영달이 반드시 내게 이익이 되는 것도 아니다. 도덕성이 아닌 재능의 문제도 타고난 씨앗을 발견하고 계발하는 것이지 내게 없는 것을 구하는 것은 바른길이 아니라고 보았다.

맹자의 '정명正命', 즉 올바른 천명은 하늘이 하고자 하는 바를 취하는 것이고 남이 아닌 나 자신에게 본래부터 있는 것을 구하는 것이다. 우리가 흔히 욕심이라 부르는 것은 내게 본래부터 있었던 성性이 아니다. 그것은 인간의 보편적인 본질을 의미하는 성도 아니다. 욕심은 곧 무너질 위험이 있는 담장 밑에 서는 일과 같다. 욕심은 남이 바라는 것을 내가 탐하거나 소망하는 일이어서 충돌이 불가피하고 심지어는 남의 것을 빼앗는 일과 다르지 않다.

> 맹자께서 말씀하셨다. "모든 일이 천명이 아닌 것이 없으니 올바른 천명을 순리로 받아들여야 한다. 그러므로 천명을 아는 자는 무너지는 위험한 담장 밑에 서지 않는다. 할 수 있는 도리를 다하고 죽는 것은 올바른 천명이며, 죄를 지어 형벌을 받고 죽는 것은 올바른 천명이 아니다."
>
> 孟子曰 莫非命也 順受其正 是故 知命者 不立乎巖墻之下 盡其道而死者 正命也
> 桎梏死者 非正命也〈盡心章句 上〉

높은 담장 밑에 서는 것은 위험이 예견되는 곳에 서는 것이고 죄를 범하여 형벌을 받는 것은 타고난 인성을 거슬리는 행동이다. 타고난 좋은 성품을 계발하고 합리적인 생각과 판단을 따르는 것이 '정명正命'이다. 맹자의 '정명'은 인위적인 욕심을 따르는 것이 아니다. 나아가 자신을 구속하는 질곡桎梏의 삶을 사는 것이 아니다.

'정명'은 넓고 큰 하늘의 도를 따르는 것이고 자신이 본래부터 가지고 있는 순리와 양심을 활짝 펼치는 자유自由의 길이다.

이타심의 증거, 사단(四端)

맹자의 사유는 단편적인 것이 아니라 인간 본성과 자연의 이치를 접목하고자 했던 통섭의 성찰이다. 한 사회를 공동체로 엮는 고리로서 맹자는 '마음心'에 대한 깨달음에서 그 밝은 빛을 발견한다. 사람이 태어날 때 하늘과 땅으로부터 마음을 부여받고 그 마음이 타인과의 관계를 이어주는 다리가 된다고 보았다. 물론 맹자의 사유 속에는 이 마음이 우주로 상징되는 자연의 이치와도 연결 고리가 된다. 이른바 맹자의 '불인인지심不忍人之心'은 이타심의 한 증거로 제시된다.

> 맹자께서 말씀하셨다. "사람에겐 모두가 남에 대해 참지 못하는 마음이 있다."
>
> 孟子曰 人皆有不忍人之心 〈公孫丑章句 上〉

맹자의 이 말은 나와 남을 연결하는 것이 마음이고, 타인에 대한 열린 마음이 관계의 출발점이고 종착점임을 뜻한다.

맹자는 한 어린아이가 우물에 빠지려 하는 위험 상황을 맞을 경우, 누구든지 이 어린아이를 측은히 여겨 구하게 된다고 주장한다. 그러면서 어린아이를 구하는 것이 그 부모를 잘 알고 지내기 때문이 아니고 동네 사람들로부터 칭찬을 듣기 위함도 아니라는 설명을 한다. 아이를 구하는 측은지심惻隱之心은 내 마음 밖에 있는 것이 아니라 내 마음에 생득적으로 존재한다는 주장이다. 다시 말해 타인을 생각하여 참지 못하는 마음이 내게 있다는 설명이다. 맹자의 성선설에 근거가 되는 이 주장은 선善의 가능성을 말하는 것이지 인간세계의 현실을 말하는 것은 아니다. 올바른 정치와 교육을 통해 인의예지仁義禮智를 개인이나 인간사회가 구현할 수 있다는 것이지 노력과 성찰 없이 저절로 주어지는 것은 아니다.

측은지심惻隱之心, 수오지심羞惡之心, 사양지심辭讓之心, 시비지심是非之心으로 표현되는 사단四端은 행동으로 표현되는 인의예지로 나아가는 동기가 되는 것이다. 윤리 도덕의 문제가 아니라 인간의 원초적 감성에 대한 깨달음이다. 감성의 문제로 접근하면 선과 악이 공존하고 먹구름이 언제든 하늘을 뒤덮을 수 있다. 그러나 그 감성이 배제된 윤리와 도덕은 생명력을 잃게 된다. 유가에서 말하는 '마음心'은 감성과 사유가 통합된 개념이다. 윤리 도덕의 사유체계는 사단으로 표현되는 동기체계와 연결되고 통합돼야 한다. 감성은 깨어지기 쉽고 변화무쌍하다. 그 감성을 보완하는 것이 이성으로 표현되는 인간의 사유능력이다. 오늘날의 인지행동이론으로 말하면 감성(feeling)과 생각(thought)이 상호 보완되어야 하고 이는 실천(behaviour)을 통해 강화되고 통합된다.

무릇 나에게 사단(四端)이 있다는 것을 알고 이를 넓히고 채워나간다면 불이 시작되어 번져 가듯 하고, 샘이 솟아서 흘러나가는 것과 같다. 진실로 이를 확충하면 사해를 보전할 수 있고 이를 확충시키지 않으면 부모도 섬길 수 없다.

凡有四端於我者 知皆擴而充之矣 若火之始然 泉之始達 苟能充之 足以保四海 苟不充之 不足以事父母 〈公孫丑章句 上〉

우리의 선한 동기를 발전시켜 나가면 이 세계를 보전할 수 있지만, 그 선한 동기를 계발하지 않으면 부모를 섬길 수 있는 것도 불가능하다. 맹자의 사단은 동기이고 이를 발전 시키는 것은 실천이다. 맹자의 사유체계에서 동기와 행동은 마음으로 통합된다. 서로 다른 개체를 연결하는 통로도 마음이고 이를 성취시키는 힘과 능력도 마음이다. 맹자의 성선설은 악을 부정하는 것이 아니라 선의 가능성을 긍정하고 실천하는 데 그 강조점이 있다.

도(道)는 꽁(功)이 실재해야 한다

맹자가 제자 팽경彭更으로부터 수십 대의 마차와 수백 명의 사람이 제후에게서 음식을 대접받음이 너무 과분한 것이 아니냐는 질문을 받는다. 이에 대해 맹자는 그것이 도道가 아니면 한 그릇의 밥이라도 받을 수 없는 것이지만, 그것이 도에 합당한 것이라면 순임금이 요임금으로부터 천하를 물려받은 것이 크다고 할 수 없다고 말한다. 맹자의 논리는 도에 합당하다면 대접을 받는 것이 문제가 되지 않지만 적은 것이라도 도에 합당하지 않으면 대접받는 것이 부당하다고 보았다.

그렇다면 여기에서 맹자가 주장하는 도의 척도는 무엇인가? 맹자가 보았던 도의 척도는 지志가 아니라 공功이었다. 맹자의 태도는 도학자가 아니라 실학자의 태도를 견지하고 있다.

팽건이 선비가 일하지 않고 먹는 것이 온당치 못하다고 말하자 맹자는 일을 해서 구체적인 물건을 만들어 내는 것만이 일이 아니다. 결과물을 소통시켜 남는 것으로 부족한 것을 보충함으로써 모두가 먹는 것을 해결하는 것도 중요한 일이며 들어와 부모에게 효

도하고 나아가 공경하여 선왕의 도를 지키고 후학을 가르치는 것도 중요한 일이라고 설명한다. 다만 맹자는 제자 팽경에게 뜻志으로 먹고사는 것인지 공功으로 먹고사는 것인지 반문한다.

"목수와 수레를 만드는 사람은 그 목적이 장차 먹을 것을 얻는 데 있습니다. 군자가 그 도(道)를 행하는 것이 또한 장차 먹을 것을 구하는 데 있습니까?"

"자네는 왜 그 목적을 따지는 건가? 그것이 자네에게 해 준 일이 있으면 먹을 수 있고 이를 먹는 것이네. 또한, 자네는 목적(志)에 따라 먹느냐? 공(功)이 있어 먹는 것이냐?"

"목적(志)에 따라 먹는 것입니다."

曰梓匠輪輿 其志將以來食也 君子之爲道也 其志亦將以求食與 曰子何以其志爲哉 其有功於子 可食而食之矣 且子 食志乎食功乎 曰食志 〈滕文公章句 下〉 156쪽

위의 문제에 대해 팽견이 목적에 따라 먹는다고 답하자 맹자는 다음과 같은 비유를 들어 팽견에게 목적이나 명분보다 성과와 실적이 중요함을 설명한다.

"여기에 한 사람이 있다고 하세. 그가 만일 기왓장을 부수고 담벽에 먹칠을 하였는데도 그 목적이 먹는 것을 얻는 것이라면 자네는 그 사람을 먹여주겠는가?"

"먹여주지 않겠습니다."

"그렇다면 자네는 목적에 따라 먹여주는 것이 아니라 해놓은 일의 공에 따라 먹여주는 것이네."

曰有人於此 毁瓦畫墁 其志將以求食也 則子食之乎 曰否 曰然則子非食志也 食功也 〈滕文公章句 下〉

맹자는 일이 사람에게 도움이 되어야 한다고 주장한다. 그 일이 구체물을 생산하는 일이든 서비스를 제공하는 일이든 인간의 삶에 도움을 주어야 한다. 맹자는 어디까지나 실용주의자의 견지에 서며 성과와 실적을 중시한다. 목적과 뜻이 아무리 좋더라도 성과가 없거나 우리의 삶에 도움이 되지 않는다면 무용지물에 불과하다.

마음을 기쁘게 하는 것

맹자는 우리가 입으로 맛을 보고 귀로 소리를 듣고 눈으로 형상을 보는 것이 다름도 있으나 보편적인 성향이 있음을 강조한다. 제나라의 유명한 요리사 역아易牙가 사람들이 좋아하는 맛을 알았기 때문에 우리는 역아의 요리를 기대하고 따르는 것이다. 만약 사람이 맛을 보는 것이 개와 말이 나와 동류가 아닌 것과 같이 각자가 다르다면 우리는 역아의 음식을 즐길 수 없다고 보았다. 맹자는 이와 같은 논리가 귀로 듣는 것과 눈으로 보는 것에도 동일하게 적용된다고 보았다.

> 오직 귀도 또한 그러하다. 소리에 있어서 천하 사람들이 사광(師曠)에게 기대하는 것은 천하 사람들의 귀가 서로 비슷하기 때문이다.
>
> 惟耳亦然 至於聲 天下期於師曠 是天下之耳 相似也 〈告子章句 上〉

사광師曠은 진나라의 악사로서 음률에 정통하였다. 사광이 연주하는 음악 소리를 듣고 싶어한 것은 귀의 감각이 보편성이 있다는 것을 보여준다. 소리의 체계를 정리하여 음악을 완성하고 함께 즐길 수 있는 것은 소리를 느끼고 즐기는 것의 보편성이 있기 때문이다. 나아가 요리법을 개발하고 아름다운 음악을 만드는 것도 인간의 보편성에 그 뿌리를 두고 있다.

> 그러므로 입이 맛에 있어 다 같이 즐겨하는 것이 있고, 귀가 소리에 있어서 다 같이 듣기 좋아하는 것이 있으며, 눈이 빛에 있어서 다 같이 아름답게 보는 것이 있다. 사람의 마음에 이르러서만 홀로 그와 같은 바가 없겠는가? 사람의 마음에서 그와 같은 것은 무엇인가? 이(理)이며 의(義)이다. 성인은 우리 마음의 같은 바를 먼저 체득하였을 뿐이다. 그러므로 이(理)와 의(義)가 우리의 마음을 기쁘게 해 주는 것은 마치 고기가 우리의 입을 즐겁게 해 주는 것과 같다.
>
> 故曰 口之於味也 有同耆焉 耳之於聲也 有同聽焉 目之於色也 有同美焉 至於心 獨無所同然乎 心之所同然者 何也 謂理也義也 聖人先得我心之所同然耳 故理義之 悅我心 猶芻豢之悅我口〈告子章句 上〉

맹자는 우리의 마음을 기쁘게 하는 것이 이理와 의義라고 말한다. 이理와 의義는 추상 개념이다. 주석에 따르면 이는 사물 속에 내재하는 원리이고 의義는 사물이 있어야 하는 올바른 위치를 말한다. 이가 합리성을 의미하는 것이라면 의는 정당성을 의미한다. 오늘날의 시대에 걸맞게 해석한다면 이理는 개방적인 자유의 공간을 의미하고, 의義는 개방적인 체계 안에서 공정성을 얻는 것을 의미한다.

인간의 보편성은 자유自由이고 자유를 지키는 두 개의 기둥은 바로 이理로 표현되는 합리성(reasonableness)과 의義로 표현되는 정당성(righteousness)이다. 개인이든 사회이든 인간의 자유를 확대하고 지키는 두 축은 합리성과 정당성이다. 자유가 사회적으로 개방적인 체계를 의미한다면 그 개방적인 체계를 유지하고 확대하는 길도 합리성과 정당성이다.

스웨덴의 기자 한네 라스탐(Hanne Rastam)은 토마스 퀵(Thomas Quick)으로 알려진 억울한 죄인 스투레 버그월(Sture Bergwall)의 진실을 밝히려 노력한다. 실화를 토대로 한 영화 속에서 한네 라스탐은 난관에 접할 때마다 진실을 밝히는 일에 회의한다. 그러나 한네 라스탐은 췌장암의 고통을 감내하면서 그 기획 보도를 완성하고 스투레 버그월의 무죄를 밝혀낸다. 〈나는 결백하다〉라는 영화 속에 등장하는 주인공 한네 라스탐은 진실을 밝히는 데서 삶의 의미를 찾고 있다. 진실을 밝히는 데서 오는 어려움을 그는 정의감과 합리적 사고로 극복한다. 맹자가 말한 이理와 의義는 삶의 원천이며 삶을 움직이는 힘이다.

정의란 무엇인가?

　맹자는 내가 원하는 것이 물고기와 곰 발바닥일 경우, 두 가지를 함께 얻을 수 없다면 자신은 물고기를 포기하고 곰 발바닥을 선택할 거라고 말한다. 주석에 따르면 곰 발바닥이 맛이 더 좋기 때문이라고 설명한다. 나아가 맹자는 삶도 내가 원하는 것이고 의義도 내가 원하는 것이지만 불가피하게 두 가지를 함께 얻을 수 없다면 자신은 의義를 취하겠다고 말한다. 그렇다면 삶보다 소중한 그 '의義'의 정체는 무엇인가? 삶과 죽음에 대한 맹자의 생각을 들어보자.

　　삶 또한 원하는 것이고 원하는 것이 삶보다 중요한 것이 있다. 그러므로 구차하게 삶을 얻을 수 없다. 죽음 또한 싫어하는 것이고 싫어하는 것이 죽음보다 큰 것이 있다. 그러므로 환난을 겪더라도 피하지 않는다.

　　生亦我所欲 所欲有甚於生者 故不爲苟得也 死亦我所惡 所惡有甚於死者 故患有所不辟也 〈告子章句 上〉

　맹자에게 있어 삶보다 중요하고 죽음보다 중요한 것은 무엇인가?

달리 말하면 맹자의 '정의正義'의 실체는 무엇인가?

미카엘 샌덜(Michael J. Sandal)은 그의 저서 『정의란 무엇인가』에서 정의를 공리주의자 입장에서 본 '최대 다수의 최대의 행복', 자유주의자의 입장에서 본 '선택의 자유 존중', 사회주의자의 입장에서 본 공정한 기회의 보장, 그리고 '공동선(common good)의 인식과 함양'으로 요약하였다. 미카엘 샌덜의 '정의'는 맹자에게 있어 '인의仁義'라는 핵심어로 대치된다.

혼란의 시대에 천리를 마다하지 않고 온 맹자에게 내 나라에 어떤 이로움이 있겠느냐고 양혜왕이 물었을 때 맹자는 방향이 잘못되었다고 지적하면서 오직 인의가 있을 뿐이라고 말한다. 개혁주의자 맹자가 주장한 '인의'는 오늘날의 용어로 바꾸면 개인과 사회에 온기가 흐르는 '올바름正義'을 의미한다.

맹자가 보았던 그 온기의 뿌리는 무엇인가? 그것은 맹자의 사유 체계의 근간이 되었던 성선설과 관련된다. 맹자는 인간의 타고난 천성이 선하다는 깊은 믿음을 가지고 있다. 맹자는 그 타고난 '본심本心'을 잘 지키는 것이 개인과 사회를 구원하는 길이라 보았다.

> 그러므로 원하는 바가 삶보다 더한 것이 있으며 싫어하는 바가 죽는 것보다 더한 것이 있다. 홀로 현자에게만 이 마음이 있는 것이 아니라 모든 사람에게 다 있건만 현자가 이것을 잃지 않을 뿐이다.
>
> 是故 所欲有甚於生者 所惡有甚於死者 非獨賢者有是心也 人皆有之 賢者能勿喪耳 〈告子章句 上〉

맹자는 모든 사람에게 인의예지의 선한 마음이 있지만 이를 잃어버리기 때문에 개인이든 사회든 인간으로서의 품격을 잃게 된다고 보았다. 한 그릇의 밥과 국을 얻으면 살고 얻지 못하면 죽더라도 너를 꾸짖으며 이를 주면 보통 사람도 받지 않는다. 걸어차면서 먹을 것을 주면 걸인도 편치 않다. 이와 같이 인간으로서의 진솔한 마음을 이지러지게 하는 인격에 대한 폭력과 왜곡은 우리의 본심을 어지럽힌다.

또한, 부귀와 영화를 위해 예의를 가리지 않고 받는 것이 진정으로 내게 무슨 보탬이 되며 궁실宮室이 아름답고 처첩이 받드는 것이 나를 얻음에 무슨 도움이 되는가 자문한다.

시골에서는 몸을 위하여 죽어도 받지 않다가 이제는 궁실의 아름다움을 위해서 이것을 받고, 전에는 몸을 위하여 죽어도 받지 않다가 이제는 처첩의 시봉을 위하여 이것을 받으며, 전에는 몸을 위하여 죽어도 받지 않다가 이제는 알고 있는 모든 궁핍자가 나에게 얻어가게 하여 명예를 얻으려 이것을 하나니 이런 짓을 그만둘 수 없는가? 이런 것을 일러 본심을 잃은 것이라 한다.

鄕爲身 死而不受 今爲宮室之美 爲之 鄕爲身 死而不受 今爲妻妾之奉 爲之 鄕爲身 死而不受 今爲所識窮乏者 得我而爲之 是亦不可以已乎 此之謂失其本心〈告子章句 上〉

맹자는 그 마음을 다하는 사람은 자신을 알고 자신을 앎으로 하늘의 이치를 안다고 말하고 있다. 맹자는 공자와 마찬가지로 위인지학爲人之學이 아닌 위기지학爲己之學이 근본이 되어야 함을 주장하고 있다. 맹자는 나에게 있는 것을 구함은 얻음에 유익함이 있으나 밖에 있는 것을 구하는 것은 얻음에 유익함이 없다고 보았다. 나에게 있는 것은 한마디로 요약하면 나의 '참 마음'이다. 주지하다시피 맹자는 성선설을 주장한다. '인의예지仁義禮智'로 대표되는 공동선(common good)에 대한 믿음이 있었다. 따라서 마음을 다하여 자신의 타고난 가능성(性, possibility)을 인식하고 실천하는 것이 맹자가 제시한 자유의 올바른 길이다.

2장

과정을 익히니 길이 보인다

절차탁마(切磋琢磨)

禍福 無不自己求之者 詩云 永言配命 自求多福 太甲曰 天作孽
猶可違 自作孽 不可活 此之謂也

- 〈公孫丑章句 上〉

　화(禍)와 복(福)은 자기로부터 이를 구하는 것이다. 시경에 이르
기를 오래도록 천명을 따르면서 마음에 새기면 스스로 많은 복을
구하는 일이다. 태갑에 이르기를 하늘이 지은 재앙은 오히려 피할
수 있지만 스스로 만든 화로 인하여 살 수 없다고 한 것은 바로 이
것을 이르는 말이다.

- 〈공손추장구 상〉

Neither heavenly nor earthly, Neither mortal nor immortal have we created thee, so that thou mightest be free according to thy own will and honor, to be thy own creator and builder. To thee alone we gave growth and development depending on thy own free will. Thou bearest in thee the germs of a universal life.

- Pico della Mirandola 『Oratio de Hominis Dignitate』

우리는 당신을 천상의 것으로도 지상의 것으로도 그리고 죽지 않는 것으로도 죽는 것으로도 창조하지 않았다. 그러므로 당신은 당신 자신의 의지와 명예에 따라 자유롭게 당신 자신의 창조자요 건설자가 되어야 한다. 오로지 당신에게만 우리는 자유의지에 따라 성장과 발전을 주었다. 당신은 하나의 우주적 생명의 싹을 당신 안에 간직하고 있습니다.

- 피코 델라 미란돌라 『인간의 존엄성에 관하여』

천작(天爵)과 인작(人爵)

맹자에 따르면 '천작天爵'을 계발하면 '인작人爵'이 이를 따르게 된다. 여기에서 천작은 하늘이 내린 벼슬이자 권리를 의미한다. 이것은 맹자가 주장한 성선설性善說과 맥이 닿아 있다. 인仁, 의義와 선善을 즐김이 소진하지 않는 것을 하늘이 부여한 커다란 축복이라 보았다. 인작人爵은 사람이 부여한 벼슬과 축복으로 오늘날의 권력과 돈에 해당한다. 맹자는 인작을 공경대부公卿大夫와 같은 것으로 보았다. 천작을 갈고 닦아 인작이 이를 따르도록 해야 하는데 오늘날의 사람들은 인작을 목표로 천작을 갈고 닦거나 인작을 얻었으므로 천작을 버리는 행태를 비판하고 있다. 득세가 목표가 아니라 자신의 타고난 인성과 품성을 갈고 닦는 것이 근본이 되어야 한다.

또한, 맹자는 자기에게 귀하게 되는 것이 천작인데 사람들이 이를 돌아보지 않음을 개탄한다. 이는 자신에게 당당한 것이 천작이고 나의 노력이 아닌 남이 부여한 자리는 천작이 아닌 인작임을 주장한다. 심지어 이와 같은 인작은 그 자리를 부여한 사람의 의도에 따라 언제든 천하게 될 수 있다.

맹자께서 말씀하셨다. 귀하게 되고자 하는 것은 사람이 바라는 한 가지 마음이다. 사람마다 자신에게 귀한 것이 있지만 생각하지 않을 뿐이다. 남이 귀하게 하는 것은 양질의 귀함이 아니다. 조맹이 부여한 귀(貴)는 조맹이 이를 천하게 할 수 있다.

孟子曰 欲貴者 人之同心也 人人 有貴於己者 不思耳 人之所貴者 非良貴也 趙孟之所貴 趙孟能賤之 〈告子章句 上〉

조맹趙孟은 진나라의 대부로 그로부터 받은 인작은 언제든 박탈될 수 있지만, 천작은 조맹과 같은 권세로도 빼앗을 수 없는 권한이고 의무이다. 다만 천작을 갈고 닦는 기쁨과 당당함을 모르는 데서 남의 재물과 권세를 부러워하고 근본을 잃게 된다고 보았다. 천작을 갈고 닦음은 내 몸에 좋은 소문과 영예가 되기 때문에 남의 화려한 장식을 탐할 필요가 없다. 천작을 갈고 닦으면 그 고결한 인품이 가져오는 광채(aura)가 있어 남의 인작을 부러워할 이유가 없다.

시(詩)에 '술에 취하고 덕에 배불렀네.'라는 말이 있으니 이것은 인의도덕(仁義道德)에 배불렀기 때문에 남의 고량진미(膏粱珍味)를 원치 않으며 영문(令聞)과 광예(廣譽)가 몸에 베풀어졌기 때문에 남의 수놓은 비단옷을 원치 않는다는 뜻이다.

詩云 旣醉以酒 旣飽以德 言飽乎仁義也 所以不願人之膏粱之味也 令聞廣譽施於身 所以不願人之文繡也 〈告子章句 上〉

천작이 근본이고 인작은 부수적인 것일 뿐인데 사람들이 천작이 아닌 인작에 현혹되는 이유는 무엇인가? 맹자는 이에 대해 무지와 미성숙이 우리들을 어리석게 하는 요인이라 보았다. 맹자의 설명에 따르면 인仁이 불인不仁을 물리칠 수 있음을 물이 불을 이길 수 있는 것과 같다고 보았다. 다만 수양이 부족하여 한 잔의 물로 한 수레의 나무에 붙은 불을 끄려고 하니 물이 불을 이기지 못한다고 사람들이 잘못 말한다. 맹자는 이와 같은 무지가 본질을 보지 못하는 지혜의 부족과 역량을 키우지 못한 능력의 부족에서 기인한다고 보았다.

> 오곡은 종자 가운데서 아름다운 것이다. 그러나 진실로 익지 않으면 제(稊:비름)나 피(稗)만도 못하다. 무릇 인(仁)도 이것을 익게 하는 데 달려 있다.
>
> 孟子曰 五穀者 種之美者也 苟爲不熟 不如稊稗 夫仁亦在乎熟之而已矣 〈告子章句 上〉

타고난 천작을 성숙하게 하는 것은 교육과 수련을 통하여 성취된다. 맹자는 활을 쏘는 법을 법도로써 가르치고 배워야 하며 목수가 기술을 가르칠 때는 측량 도구를 이용하여 정확히 해야 한다고 보았다. 배우는 자나 가르치는 자나 제대로 된 방법과 절차에 따라 익혀야 함을 강조하였다.

> 맹자께서 말씀하셨다. "예(羿)가 사람에게 활 쏘는 법을 가르칠 때 활을 충분히 당기도록 마음 쓰게 했다. 배우는 자 또한 활을 충분히 당기도록 힘써야 할 것이다.

목수가 사람을 가르칠 때는 반드시 규구(規矩)를 가지고 가르치며 또한 반드시 규구를 가지고 배워야 한다."

孟子曰 羿之敎人射 必志於彀 學者 亦必志於彀 大匠誨人 必以規矩 學者 亦必規矩〈告子章句 上〉

맹자는 천작을 갈고 닦음에 있어 중요한 것, 곧 핵심 지식과 방법을 강조하였다. 궁술에서는 당기는 힘이 기본이고 목수에게서는 정확한 측량이 기본임을 강조하였다. 인격 수련에서 핵심은 자기 자신의 성性, 곧 마음을 갈고 닦는 것이고 사유와 인식의 질을 높이는 것이다.

연단은 기회를 낳는다

순임금이 역산歷山에서 밭을 갈았고 부열傅說은 토역土役 일을 하는 공인들 속에서 기용되었으며, 교격膠鬲은 생선과 소금을 파는 장사꾼 속에서 기용되었다. 관이오管夷吾는 감옥 속에서 기용되었으며 손숙오孫叔敖는 바닷가에서 등용되었고 백리해百里奚는 시장 바닥에서 기용되었다. 맹자는 이들의 예를 들면서 기회는 연단을 통해 얻어진다고 보았다.

그러므로 하늘이 장차 대임(大任)을 이들에게 내리려 하시니, 반드시 먼저 그들의 마음을 괴롭히고 그들의 살과 뼈를 지치게 만들며 그들의 배를 굶주리게 하고 그 몸을 곤궁하게 해서 행하는 일이 뜻과 같지 않게 만든다. 그것은 그들의 마음을 분발케 하고 자기의 성질을 참게 하여 자기가 해내지 못하던 일을 더 많이 할 수 있도록 하게 한다.

故 天將降大任於是人也 必先苦其心志 勞其筋骨 餓其體膚 空乏其身 行拂亂其所爲 所以動心忍性 曾益其所不能〈告子章句 下〉

맹자는 연단과 도전이 한 사람의 타고난 잠재능력과 가능성을 실현하는 계기와 기회가 된다고 보았다. 특히 사람의 깨달음은 우연히 오는 것이 아니라 경험과 사유를 통해서 얻어진다. 실패와 곤란은 이것을 극복하기 위한 사유의 기회를 제공하고 도전과 노력은 그 해결책을 얻는 기회를 제공한다.

> 사람은 언제나 잘못을 저지르고 난 뒤에야 능히 고칠 수가 있으며 마음속으로 번민하고 많은 생각을 기울이고 난 뒤에야 일을 하게 된다. 그 번민하는 것이 얼굴빛과 목소리로 나타난 후에야 비로소 깨닫게 된다.
>
> 人恒過然後 能改 困於心 衡於慮然後 作 徵於色發於聲而後 喩 〈告子章句 下〉

맹자의 깨달음은 단순한 사유의 결과물이 아니다. 경험을 동반하고 실패를 딛고 일어서는 자리에서 얻어지는 깨달음이다. 단순한 사유의 깨달음이 아니라 도전과 실패를 경험한 이후에 이를 초월하는 깨달음이다. 그 경험은 외적인 도전과 실패만을 의미하는 것이 아니라 얼굴빛과 목소리로 나타나는 명증한 자기 인식이 수반되는 체험이다. 나의 한계와 타자의 경계선을 뛰어넘는 사유와 체험이 수반되는 깨달음이다. 그 깨달음은 인간관계로 말하면 막혔던 단절의 벽을 뛰어넘는 소통과 자유의 열린 공간이다.

> 안으로는 법도를 잘 지키는 세가(世家)와 보필하는 선비가 없으며 밖으로는 적국과 외환(外患)이 없다면 그런 나라는 언제나 망하게 된다. 그런 뒤에야 우환 속에서

살고 안락 속에서 망한다는 것을 알게 된다.

入則無法家拂士 出則無敵國外患者 國恒亡 然後 知生於憂患而死於安樂也 〈告子章句 下〉

우리는 늘 걱정과 고통이 없는 세계를 꿈꾼다. 그러나 역사에 도전이 없으면 개인이나 국가나 쇠락의 길을 걷게 된다. 어려움을 피하는 것이 아니라 도전하고 극복할 때 우리에게는 자유의 열린 공간이 펼쳐진다. 우리의 몸도 편하려고만 한다면 뼈와 근육이 쇠약해지고 운동과 노동을 통하여 단련할 때 새로운 힘과 자유를 얻게 된다. 몸을 게을리하여 편하려고만 한다면 자신의 몸도 자유롭게 가누지 못하는 불구의 상태가 된다. 연단은 고통이 아니라 기회와 자유를 얻는 희망의 사다리이다.

정성을 다하면 움직인다

정성은 내 몸을 진실하게 하는 것으로부터 시작된다. 거짓이 사람을 움직일 수 없다. 인간관계에서 사람을 얻고자 한다면 친구의 믿음을 얻어야 하고 친구의 믿음을 얻고자 하면 부모를 기쁘게 할 줄 알아야 한다.

> 부모님을 기쁘게 함에 도(道)가 있나니 자신을 반성하여 진실하지 않으면 부모님을 기쁘게 하지 못한다. 몸을 진실하게 함에 도(道)가 있나니 선(善)을 밝히 보지 못하면 그 몸을 진실하게 하지 못한다.
>
> 悅親有道 反身不誠不悅於親矣 誠身有道 不明乎善不誠其身矣 〈離婁章句 上〉

'성신誠身'은 진솔한 마음이 담긴 자유로운 표현을 뜻한다. 주석에 따르면 '성신'은 '불명호선不明乎善'이 아닌 '명호선明乎善'이 전제되어야 함을 시사한다. 명호선은 '선善'을 환하게 보는 것 또는 분명히 보는 것을 의미한다. 일을 추진함에 있어 합리적 사유를 통하여 '선'이 있는 것을 진실로 아는 것을 의미한다. '성誠'은 '이理'가 나에게 있어 모두가 진실하여 거짓이 없는 것을 의미한다. 따라서 성신은 내 몸가짐이 합당하여 그 아름다움을 내 마음의 거울로 보는 것을 뜻한다. 우리가 내면의 아름다움을 가꾸어 나갈 때 제대로 된 '선'을 볼 수 있다.

군자는 위인지학爲人之學이 아닌 위기지학爲己之學을 지향한다. 진정한 의미의 학문은 자신의 진정한 '선'을 목표로 하는 것이지 남에게 보이기 위한 작위적인 '선'을 목표로 하는 것이 아니다. 위기지학이 지향하는 선은 천명을 구현하는 것을 의미하며 자신의 궁극적인 자유와 구원을 향해 나아간다. 진정한 의미의 위인지학은 위기지학이 전제되어야 한다. 위기지학이 전제되지 않은 위인지학은 위선僞善이 될 가능성이 많다. 몸 따로 마음 따로 가면 위선이다. 몸과 마음이 함께 자연스럽게 조화를 이룰 때 그것이 참된 선이다. 남의 눈에만 보이고 내 눈에는 보이지 않으면 위선이다. 남의 눈에 보이지 않더라도 참된 나의 마음 거울에 비치면 선이다. 바른 마음, 즉 이理의 거울에 비추어 본 나의 행동이 선이면 그것은 참된 아름다움이며 진실이다.

스스로를 버리는 자, 즉 자기자自棄者는 내 몸이 인仁에 머물지 않고 의義에 기초하지 않음을 뜻한다. 맹자는 인을 사람이 머무는 편안한 집으로 비유했고 의는 사람이 가야 할 바른길로 비유하였다.

내 몸이 인(仁)에 살지 못하고 의(義)로 말미암지 못함을 스스로 버린다고 말한다.

인은 사람이 머무르는 편안한 집이고 의는 사람이 가야 할 바른길이다. 편안한 집을 비우고 머물지 않으며 바른 길을 버리고 벗어나 있으니 슬프도다.

吾身不能居仁由義謂之自棄也 仁人之安宅也 義人之正路也 曠安宅而不居 舍正
路而不由 哀哉 〈離婁章句 上〉

맹자가 본 인仁과 의義는 천명이고 천리이며 천성이다. 따라서 사
람이 인으로 돌아가는 것을 물이 아래로 흘러가는 것과 짐승이 너
른 들판을 달리는 것과 같다고 보았다. 천명과 천리와 천성은 사람
의 마음으로 귀결된다. 그러므로 맹자는 사람의 마음을 얻는 것이
천하를 얻는 길이라고 보았다.

천하를 얻음에 도가 있나니 그 백성을 얻으면 이것이 천하를 얻는 것이다. 그 백
성을 얻음에 도가 있나니 그 마음을 얻으면 이것이 백성을 얻는 것이다. 그 마음을
얻음에 도가 있나니 바라는 바를 더불어 취하며 싫어하는 것을 행하지 말라.

得天下有道得其民斯得天下矣 得其民有道得其心斯得民矣 得其心有道所欲與之
聚之所惡勿施爾也 〈離婁章句 上〉

여기에서 중요한 것은 사람의 마음을 얻으려면 바라는 것과 꿈
꾸는 것을 함께 해야 한다는 것이다. 오늘날의 말로 고치면 비전
을 공유해야 한다는 말이다. 또한 민중이 원하지 않는 것은 정책
을 무리하게 추진해서는 안 된다는 뜻도 지니고 있다. 어진 정치는
민중의 마음이 어디로 흐르는지 보아야 하며 그 물이 잘 흐르도록
물길을 터 주어야 한다. 인은 마음의 흐름을 의미하며 어진 정치

를 펼치기 위해 마음을 읽고 준비하는 자세가 필요하다.

> 오늘날 왕 되고자 하는 자는 7년 치료를 요하는 병에 3년 뜸 치료를 처방하는
> 것과 같다. 진실로 쌓아가지 않으면 몸이 다할 때까지 얻지 못한다. 진실로 인에
> 뜻을 두지 않으면 몸이 다할 때까지 근심하고 욕되어 사망에 이르게 된다.
> 今之欲王者 猶七年之病 求三年之艾也 苟爲不畜終身不得 求不志於仁 終身憂辱
> 以陷於死亡 〈離婁章句 上〉

어진 마음이 인간의 본성이라 하더라도 이를 준비하고 덕을 쌓아야 자신의 위치에 합당한 어진 마음을 갖출 수 있다고 보았다. 개인이든 사회이든 선한 마음을 가리는 병리 현상이 나타난다면 이를 극복할 수 있는 건강한 처방과 면역력을 기르는 것이 필요하다. 특히 병마를 극복할 수 있는 자생적인 면역능력은 오랜 시간의 노력과 축적을 요구한다. 사람의 마음을 얻는 한 가지가 앞에서 말한 비전을 공유하는 것이라면 다른 한 가지는 정성을 다하는 것이다. 한국인들이 갖고 있는 '지성至誠이면 감천感天'이란 말은 유학을 배경으로 하는 믿음이라 볼 수 있다.

> 지극한 정성을 기울였는데 움직이지 않는 것은 없다. 정성을 기울이지 않으면
> 움직일 수 있는 것이 없다.
> 至誠而不動者未之有也 不誠未有能動者也 〈離婁章句 上〉

때맞추어 내리는 비가
생명을 자라게 한다

맹자는 〈진심장盡心章〉에서 때맞추어 내리는 비가 초목의 생명을 자라게 하고 변화시킨다고 보았다. 군자君子가 가르쳐야 할 다섯 가지 가운데 첫머리에 언급한 이야기다. 맹자의 교육 방법을 단적으로 보여주는 비유이다. 맹자는 모든 사람에게 어진 마음의 씨앗이 있다고 보았다. 물론 주석에 따르면 그 씨앗이 서로 달라서 멀고 가까움과 앞뒤가 서로 다르다. 그러나 생명의 씨앗이 싹을 틔우고 꽃을 피우려면 때맞추어 내리는 비, 곧 '시우時雨'가 필요하다.

군자를 오늘의 맥락에서 보면 지성인 또는 지도자 정도로 해석할 수 있다. 지혜로운 사람은 도움을 주더라도 때를 놓치지 말아야 하고 가르침에 있어서는 때를 맞추는 일이 더욱더 소중하다. 교육학에서 발달 과업 이론이 있듯이 필요한 때에 교육적 동기를 부여함으로써 필요한 학습이 이루어져야 한다. 주석에 따르면 공자와 안회의 만남은 이와 같은 화학적 변화를 가능하게 하는 인간관계라고 보았다. 공자는 제자인 안회에게 깊은 신뢰를 보여주었고 안회는 스승으로서 공자를 존경했다. 그들의 인간관계는 신뢰와 존경을 바탕으로 함으로써 일거수일투족이 가르침이 되고 배움이 된다. 이 경우 그들의 배움과 가르침은 생활과 분리되지 않고 서로를 변화시킨다. 단비와 함께 성장하고 성숙하는 인간관계, 그 인간관계가 주는 교육적 의미가 때맞추어 내리는 비와 같은 것이다.

둘째로는 덕을 이루고 셋째로는 능력을 키우는 일에 힘써야 한다. 이를 위해 각자의 장점을 살려 이를 가르치고 배워야 한다고 보았다. 오늘날의 표현을 빌리면 인성 교육과 능력 신장이 각자가 갖고 있는 장점과 재능을 발견하고 계발하는 일이 되어야 한다. 그씨앗의 성장 속도가 서로 다름으로 자신에게 맞는 속도로 성취할 수 있도록 도와주어야 한다. 특히, 단점이 아닌 장점을 보고 앞으로 나아가야 한다. 학생의 장점을 보고 이를 키워주면 혹 단점이 있더라도 이 단점이 장점에 의해 약화될 수 있다. 엄밀히 말하면 교육은 자포자기自暴自棄하지 않는 것으로부터 시작되어야 한다.

맹자에 따르면 '자포自暴'는 예禮와 의義가 아닌 것을 말하는 사람이다.(言非禮義謂之自暴也<離婁 上>) 부언하면 입만 열면 부정적인 소리를 하는 사람이 자신에 대하여 폭력(violence)을 행하는 사람이다. 맹자는 '자포'하는 사람들과 더불어 말할 수 없다고 하면서 자포하는 사람들과의 소통이 어려움을 이야기하고 있다.(自暴者不可與有言也) 맹자가 말하는 '자기自棄'는 '인仁'과 '의義'를 행할 수 없는 사람을 의미한다.(吾身不能居仁由義, 謂之自棄也 <離婁 上>) 다시 말해 이웃을 사랑하며 의롭게 사는 삶을 실천하지 않는 삶의 태도를 말한

다. 맹자는 '자기'하는 사람과 더불어 일하기 어렵다고 말한다.(自棄
者不可與有爲也 〈離婁 上〉)

인성과 능력의 신장은 자포자기하지 않는 건강한 자아의 수립으
로부터 시작되어야 한다. 우리가 우리 자신을 자포자기하지 않으
면 절대로 남이 나를 업신여길 수 없다. 맹자의 논리에 따르면 내
가 스스로를 업신여긴 이후에 남이 나를 업신여기며 이것은 가정
과 국가에도 확장 적용될 수 있다고 보았다.

> 夫人必自侮然後에 人侮之하며
>
> 家必自毁而後에 人毁之하며
>
> 國必自伐而後에 人伐之하나니라 〈離婁 上〉

넷째, 질문하는 것이 있으면 이에 답해야 하고, 묻고 답하는 것
을 통해서 가르치고 배워야 한다. 질문하고 답하고 다시 질문하고
답하는 대화법은 인간이 지혜를 터득하고 사유를 발전시키는 가
장 좋은 방법이다. 공자와 번지, 맹자와 만장의 대화는 서양의 소
크라테스와 그의 제자들과의 대화와 같은 것이다. 제자의 눈높이
에 맞추어 그들의 인식과 안목을 깨우쳐 주고자 노력했던 교육 방
법이다.

다섯째로 제시한 교육방법은 자기 주도적으로 학습하고 가르침
을 베푸는 방법이다. 맹자는 자신이 공자의 학풍을 이어받았다고
하나 공자는 춘추시대의 사람이었고 맹자는 전국시대의 사람이다.

맹자가 공자의 제자인 자사로부터 유학을 배웠다고 전해지지만 맹자는 스스로 '사숙私淑'했다고 말한다. 사숙은 마음속으로 흠모하여 사람들을 통해 스스로 배우는 것을 의미한다. 맹자는 공자의 문하에 직접 들어갈 수는 없었으나 공자를 흠모하여 공자에 관한 말씀과 자료를 사람들로부터 스스로 조사하여 배우고 익혔다. 사숙은 스스로, 자기 주도적으로 배우고 익혀 자유의 경지에 이르는 것을 의미한다. 스스로 좋아서 배우고 익히는 학습이야말로 우리의 교육이 지향해야 할 궁극적인 학습 방법이다.

맹자가 진심편에서 제시한 다섯 가지 교육방법은 오늘날의 우리들에게도 의미하는 바가 크다. 사람을 포기하거나 버림이 없이 각 개인이 지니고 있는 씨앗(달란트)을 꽃피워 주는 일이 우리가 가야 할 교육의 길이다.

맹자께서 말씀하셨다. 군자가 가르치는 방법이 다섯 가지이다. 때에 맞추어 내리는 비가 초목을 변화시키는 것과 같이 하는 것이 있고 바른 마음을 이루는 방법이 있으며, 그 잘하는 바를 깨우치는 방법이 있다. 묻고 답하는 방법이 있으며 스스로 다스려 실천하는 방법이 있다. 이 다섯 가지가 군자가 가르치는 방법이다.

孟子曰 君子之所以教者五 有如時雨化之者 有成德者 有達財者 有答問者 有私淑艾者 此五者 君子之所以教也 〈盡心章 上〉

개방적인 지혜가 인품을 높인다

맹자가 제나라의 범읍范邑으로부터 수도인 임치로 갔을 때 왕의 아들을 멀리서 바라보고 감탄해서 말했다.

> 위치가 기질을 바꾸고 음식이 체질을 바꾼다더니 크도다! 환경의 영향이여!
>
> **居移氣 養移體 大哉 居乎 〈盡心章句 上〉**

맹자가 '거居'로 표현한 것은 사는 곳, 또는 환경만을 의미하는 것이 아니다. 맹자의 말을 빌리면 왕자의 궁실과 거마 및 의복이 다른 사람과 같은 것이 많음에도 왕자가 품격이 있는 것은 그 환경이 가져온 인식과 안목이 왕자를 바꾸어 놓았다고 보았다. 그러면서 천하의 넓고 넓은 곳에 사는 자는 말할 것이 없다고 강조한다.

> 왕자의 궁실과 거마(車馬)와 의복은 다른 사람과 같은 것이 많다. 그런데 왕자가 저와 같은 것은 그 처해 있는 지위가 그처럼 만든 것이다. 하물며 천하의 넓은 곳에 거처하는 자에게 있어서랴?

王子宮室車馬衣服 多與人同而王子 若彼者 其居使之然也 況居天下之廣居者乎

〈盡心章句 上〉

환경이 기질을 바꾼다고 말하면서 특별히 '천하의 넓고 넓은 곳(居天下之廣居者)에 사는 것'을 말한 것은 물리적 환경만을 의미하는 것이 아니다. 진심편에 나온 이 구절은 마음을 넓게 가지는 것이 사람의 품격을 높인다는 것을 의미한다.

맹자는 또 하나의 비유를 들어 개방적인 마음의 중요성을 표현한다. 노魯나라 임금이 송나라에 갔을 때 질택垤澤이라는 성문이 닫혀 있어 소리쳐 불렀더니 성을 지키는 사람이 내 나라 임금이 아닌데 그 목소리가 비슷하다고 말하는 예를 들고 있다. 맹자는 소리가 비슷한 원인이 단순히 환경이 서로 비슷함에서 비롯된다고 본 것이 아니다. 이 이야기를 확대하면 나라의 경계를 뛰어넘을 수 있는 인식의 고양이 물리적 환경을 극복하는 열쇠임을 말하고 있다.

맹자가 이 이야기를 통해 전하고자 한 것은 환경과 음식만이 아니라 마음가짐과 교육이 한 사람의 품격을 결정하는 것임을 말하고 있다. 특히 우리의 사유체계는 우리가 열린 마음으로 대상을 보아야 사람과 사람, 사람과 사물 사이의 올바른 관계를 회복할 수 있다. 나아가 좁은 시야가 아닌 넓은 시야로 대상을 보는 지혜가 자신의 품격을 높이는 인격 수양의 길임을 강조하고 있다. 우리의 마음가짐과 자세가 열린 마음으로 넓은 곳으로 나올 때 우리의 지혜는 우리의 인격을 높이는 밝은 빛이 된다.

자득(自得),
스스로 깨달아 얻어야 한다

   맹자는 올바른 방법道으로 스스로 깨달아 얻어야 함을 중시하였다. 스스로 얻어야 내 몸에 맞고, 깨달아 정확히 알아야 운용이 무궁무진하기에 그 근원에 이를 수 있다고 보았다. 이를 달리 말하면 스스로 얻지 못한 것은 안정적이지 못하고 운용에 창의성과 유연성을 발휘하기 힘들다는 것을 의미한다. 우리의 교육에서도 스스로 공부하고 실천하여 얻는 것이 강조되어야 한다. 스스로 얻지 못하고 깨달음이 없는 앎은 뿌리가 부실한 나무와 같다. 기본이 갖추어져 있지 않기에 흔들리기 쉽고 멀리 가지 못한다. 스스로 얻은 깨달음이어야 무엇보다 안정성이 있다.

   맹자께서 말씀하셨다. 군자는 올바른 방법으로 깊이 탐구하여 스스로 깨닫고자 한다. 스스로 깨달으면 생활이 안정되고, 생활이 안정되면 경험과 생각이 깊어진다. 생각이 깊어지면 좌우에 가까운 곳에서 취하여 그 근원에 접하게 된다. 그러므로 군자는 스스로 얻고자 한다.

   孟子曰 君子 深造之以道 欲其自得之也 自得之則居之安 居之安則資之深 資之深

則取之左右 逢其原 故君子欲其自得之 〈離婁章句 下〉

여기에서 그 근원은 주석에 따르면 샘물과 같은 것이다. 가뭄에
도 물이 끊임없이 샘솟는 근원이 되는 것은 경험과 생각이 창의성
으로 꽃을 피워야 함을 뜻한다. 생각과 경험이 깊이 있게 쌓여 가
는 것은 삶의 유연성과 창의성을 무궁무진하게 하는 바탕이 된다.
맹자가 강조한 기본 자산은 경험과 생각의 깊이와 넓이를 의미한
다. 우리의 삶이 에너지를 잃지 않고 역동적으로 작동하려면 그
힘의 원천이 되는 경험과 생각의 밭을 풍요롭게 가꾸어야 한다.

맹자는 널리 배워서 사물의 이치를 자세히 설명하는 것을 강조
한다. 널리 배우는 것이 현학을 자랑하거나 논쟁하거나 이기기 위
함이 아니라 융회관통融會貫通하기 위함이다. 서로 화합하고 소통
해서 함께 약속의 땅에 이르는 것이 배우는 자의 본분이라고 보았
다. 나 혼자 약속의 땅에 이르는 것이 아니라 함께 목적지를 향하
여 가는 것을 이상理想으로 하였다.

맹자께서 말씀하셨다. 널리 배워 이를 자세히 설명하는 것은 장차 이로써 돌이
켜 약속을 분명히 하고자 함이다.

孟子曰 博學而詳說之 將以反說約也 〈離婁章句 下〉

맹자는 깨달음이 스스로 얻은 것이라야 내 몸에 맞고, 이를 바
탕으로 경험과 생각을 깊이 함으로써 스스로 힘의 원천이 될 수

있다고 보았다. 또한, 널리 배우는 것이 경쟁에서 이기기 위함이 아니라 함께 목적지에 이르기 위함이라고 말하고 있다. 개인의 능력을 신장하여 사회에 공헌하는 것이 군자의 길이다. 그러나 무엇보다 중요한 것은 깨달음과 배움이 스스로 실천하는 자주적이고 자율적인 활동이어야 함을 강조하고 있다.

마음을 보존하는 방법

인간관계에서 마음을 다치는 것은 흔히 뜻하지 않게 억울한 일을 당하거나 마음을 아프게 하는 부당한 일을 당할 경우이다. 마음에 상처를 입을 경우 일시적인 화를 참지 못하고 자살이라는 극단적인 선택에 이르는 불행한 결과를 낳을 수도 있다.

맹자는 억울한 일이나 부당한 일을 겪게 될 때 먼저 자신을 돌아보아야 한다고 보았다. 일반적으로 내가 먼저 사랑하고 내가 먼저 존중한다면 상대방도 나를 사랑하고 존중한다. 따라서 맹자는 마음을 보존하는 방법으로 어진 마음과 예로써 대하는 태도를 강조한다.

> 맹자께서 말씀하셨다. "군자가 남과 다른 점은 그가 마음을 보존한다는 점이다.
> 군자는 어진 마음으로서 마음을 보존하고 예로서 마음을 보존한다.
>
> 孟子曰 君子所以異於人者 以其存心也 君子 以仁存心 以禮存心 〈離婁章句 下〉

일상생활에서 남을 사랑하고 존중하는 태도를 실천하는 것이 인간관계의 기본이 되어야 한다. 이렇게 함으로써 억울한 일이나 부당한 일, 예의에 벗어난 불쾌한 일을 줄일 수 있다. 억울한 일을 당한다면 맹자는 먼저 스스로 자신을 돌아보아야 한다고 조언한다.

여기에 어떤 사람이 있어 나에 대하여 횡포하게 행동한다면 군자는 반드시 스스로 돌아보아 '내가 틀림없이 어질지 못하고 예의가 없었던 것이다. 이와 같은 일이 어찌 나에게 이르랴?'라고 말한다.

有人於此 其待我以橫逆則君子必自反也 我必不仁也 必無禮也 此物奚宜至哉 〈離婁章句 下〉

맹자는 인간관계의 기본이 횡포한 일을 당했을 때 남을 탓하기에 앞서 자신을 돌아보는 태도가 마음을 보전하는 길이라고 보았다. 자신에게 어진 마음이 부족했거나 사람을 대하는 태도가 불경했다면 마음을 보존하는 길은 나의 부족한 점을 건강하게 하는 것이 우선되어야 한다. 반성은 자신에 대한 부정적인 시각이 아니라 성숙을 위한 계기가 되어야 한다. 스스로 돌아보아도 어진 마음과 공경의 자세에 부족함이 없다면 맹자는 정성을 다했는가 반성해 보아야 한다고 권고한다.

스스로 돌아보아 어질고 스스로 돌아보아 예를 다했음에도 그 횡포함이 여전하다면 군자는 반드시 스스로 반성하여 '내가 틀림없이 마음을 다하지 못하였다.'고 살펴본다.

其自反而仁矣 自反而有禮矣 其橫逆由是也 君子必自反也 我必不忠

〈離婁章句 下〉

맹자는 마음을 보전하려면 기본적으로 남의 탓이 아니라 자신의 마음을 돌아보아야 건강한 마음을 잘 보전할 수 있다고 보았다. 어진 마음과 상대방을 존중하는 태도를 다하였는데도 문제가 있다면 마음을 다하여 정성을 기울였는가 돌아보아야 한다. 문제의 원인을 남에게서 찾는 사람보다는 먼저 자신에게서 찾는 사람이 현대 심리학의 관점에서 보더라도 정신적으로 건강하다.

맹자는 최종적으로 정성을 다했는데도 횡포함이 여전하다면 금수와 다를 바 없으므로 시시비비를 가리거나 비난할 필요가 없다고 보았다. 맹자의 이와 같은 가르침은 마음을 온전하게 보전하는 일이 궁극적으로 나의 마음가짐과 태도에서 비롯되는 것임을 강조하고 있다.

> 스스로 돌아보아 정성을 다하였는데도 그 횡포함이 여전하다면 군자는 '이 사람
> 은 망령된 자일 뿐이다. 이와 같은즉 금수와 무엇이 다른가? 금수에게 또 무엇을
> 비난하겠는가?'라고 말한다.
> 自反而忠矣 其橫逆由是也 君子曰 此亦妄人也已矣 如此則與禽獸奚擇哉 於禽獸
> 又何難焉 〈離婁章句 下〉

맹자는 인간관계에 있어 횡포한 일이 우울증의 원인이 될 수 있다고 보았다. 감정에 치우친 짧은 시간의 충동에 사로잡혀 있으면

불행한 결과를 자초할 수 있으므로 시간적으로나 공간적으로 넓은 시각으로 현상을 이해해야 한다고 보았다.

　　이런 까닭에 군자가 죽을 때까지 가지는 근심은 있어도 하루아침에 갑자기 생기는 근심은 없다. 근심하는 바가 있다면 이런 것이다. '순임금도 사람이며 나도 사람이다. 순임금은 천하의 모범이 되어 후세에 전해지고 있는데, 나는 아직도 시골의 보통 사람을 면치 못하고 있다.' 이것은 근심할 만한 일이다. 이것을 근심하면 어떻게 할 것인가? 순임금과 같이 되는 것뿐이다. 대저 군자는 근심하는 바가 없나니 인이 아니면 하지 않고 예가 아니면 행하지 않는다. 하루아침에 갑자기 생겨나는 근심이 있더라도 군자는 이를 근심하지 않는다.

　　是故 君子有終身之憂 無一朝之患也 乃若所憂則有之 舜人也 我亦人也 舜爲法於天下 可傳於後世 我由未免爲鄕人也 是則可憂也 憂之如何 如舜而已矣 若夫君子所患則亡矣 非仁無爲也 非禮無行也 如有一朝之患 則君子不患矣〈離婁章句 下〉

　　맹자의 이와 같은 기개는 천하에 법통이 되어 후세에 모범이 되었던 순임금이나 내가 똑같은 사람이라는 자각을 기반으로 한다. 조그마한 마을의 사람으로 생각할 것이 아니라 넓은 안목과 기개로 세상을 보아야 우울한 마음을 극복하고 마음을 온전하게 보존할 수 있다. 시야가 좁아지고 옹졸해지면 마음에 여유가 없으므로 더욱더 마음을 온전하게 보존하기 힘들다.

깨달음의 방편, 고통

부처는 삶의 한 과정으로서 생노병사生老病死가 고통이라고 보았다. 맹자는 고통이 깨달음과 지혜를 얻는 한 방편이라 보았다. 맹자는 깨달음에 이르는 길이 어느 날 문득 내게 찾아오는 인식의 전환이 아니라 발로 뛰고 몸으로 익혀 능력으로 입증하는 험난한 길이라고 보았다.

그러므로 하늘이 장차 이 사람에게 대임을 맡기고자 할진댄 먼저 그 마음과 뜻을 괴롭히고 그 살과 뼈를 지치게 만들며 그 배를 굶주리게 하고 그 몸을 궁핍하게 하여 그 하고자 하는 바를 어지럽힌다. 이로써 마음을 분발케 하고 성품을 단련시켜 능히 하지 못했던 바를 더욱 잘하게 하려 한다.

故 天將降大任於是人也 必先苦其心志 勞其筋骨 餓其體膚 空乏其身 行拂亂其所爲 所以動心忍性 曾益其所不能〈告子章句 下〉

능력의 향상은 훈련과 인고의 과정을 동반한다. 사유의 전환이 아니라 몸으로 익혀야 하는 경험이고 깨달음이다. 어떤 위치에 있든지 그 위치에서 성실하게 경험을 쌓고 변화와 혁신을 이루어 내야 한다. 고통과 단련이 한 사람의 인격을 형성하는 데 자양분이 되는 것은 외적인 도전에 대하여 그 도전을 뛰어넘는 변화와 혁신을 추구하기 때문이다. 살아남기 위하여 우리는 내적인 도전과 외적인 도전을 극복할 수 있는 능력을 키워야 하고, 그 능력은 변화와 혁신을 통해 성장한다. 맹자는 경험을 통해 얻어지는 깨달음이 진정한 의미의 깨달음이 된다고 보았다.

사람은 언제나 잘못을 저지르고 난 뒤에야 능히 고칠 수가 있으며 마음속으로 번민을 하고, 많은 생각을 하고 난 뒤에야 일어나게 된다. 그리고 그 번민하는 것이 얼굴빛과 목소리에 나타날 때까지 괴로움을 겪은 뒤에야 비로소 마음으로 깨닫게 된다.

人恒過然後 能改 困於心 衡於慮然後 作 徵於色發於聲而後 喻 〈告子章句 下〉

몸과 마음으로 깨닫는 것이 진정한 깨달음이다. 행동과 생각이 하나로 구현되는 것이 깨달음이다. 성취를 향한 도전의 과정에서 경험하게 되는 실수와 잘못은 능력 신장의 밑거름이다. 고통과 연단을 두려워할 것이 아니라 수용하고 극복해야 한다. 입증 가능한 깨달음은 내 몸에 나타난 근육과 같이 우리의 몸과 마음으로 구현되는 능력이고 실천되는 행동이다. 따라서 현자는 안락한 삶에 빠져 정신적으로 나태해지는 것을 경계하였다.

그런 뒤에야 우환 속에서는 살 수가 있고 안락 속에서는 망한다는 것을 알게 된다.

然後 知生於憂患而死於安樂也 〈告子章句 下〉

도(道)를 실천하는 것이 도(道)다

도道는 추상 개념으로 오해하기 쉽다. 그러나 도는 실천 개념이면서 동시에 실천 행동이다. 추상 개념으로 존재하는 도는 도가 아니다.

> 맹자께서 말씀하셨다. "인(仁)이란 것은 사람 됨의 원리이고 사람의 몸으로 실천되면 이를 일러 도(道)라고 말한다."
>
> 孟子曰 仁也者人也 合而言之道也 〈盡心章句 下〉

주석에 따르면 인仁이란 것은 사람 됨의 기본 원리이다. '이理'로 표현되는 추상 개념이다. 이에 대해 도道는 인仁의 원리理를 사람의 몸에 합치시키는 것으로 인의 이치를 몸으로 구현하고 실천하는 것을 뜻한다.

『중용中庸』에서도 '도'는 구체개념으로 쓰인다. 천명天命으로 표현되는 추상 개념 '성性'을 행동으로 구현하는 것을 의미한다. 개인의 측면에서 본다면 개성個性으로 지칭되는 추상 개념을 몸으로 나타내고 실천하는 것이 '도道'이다. 도는 추상 개념이 아니라 실천 개념이고 목표가 아니라 실천방법이다. 교육의 대상이 되는 도道 또한 구체적인 실천 계획이고 방법이다. 나의 몸과 구별되지 않으므로 잠시도 우리는 이를 떠나서 살 수 없다. 도는 존재 이유가 아니라 존재 그 자체이다.

'도道'는 고유어로 길을 의미한다. 길은 추상적인 것이 아니라 구체적인 것이다. 서울로 가는 길을 가면 도중에 여러 가지 과정이 있지만, 그 길은 서울에 닿아 있다. 다른 사람들이 이미 간 길을 따라가는 수도 있지만, 내가 처음으로 새로운 길을 열 수도 있다. 어느 경우이든 길은 눈에 보이는 것이고 내가 밟고 지나간 발자국이 만들어낸 삶의 이야기(story)가 된다.

개인이든 집단이든 그가 걸어온 발자국이 만들어 낸 삶의 이야기는 역사가 되고 길이 된다. 길은 추상 개념이 아니라 실천이고 이야기이고 역사이다. 엄밀히 말해 실천되지 않은 추상 개념의 도道는 도가 아니라 하나의 아이디어에 지나지 않는다. 내가 실천하고 내 발로 직접 경험하고 내 발자국을 남긴 길만이 나의 이야기이고 나의 역사가 된다.

인재의 등용

    맹자가 제선왕을 만나 뿌리가 깊은 나라, 역사가 오래된 나라는 교목喬木과 같이 오랜 세월 믿고 맡길 수 있는 인재가 있는 나라라고 말한다. 이 인재는 하루아침에 얻어지는 것이 아니라 오랜 세월 동안 가꾸고 기다려야 함을 강조한다. 그러면서 맹자는 제선왕이 어제 등용한 사람이 오늘 사라짐을 알지 못한다고 비판했다.

> 맹자가 제선왕을 찾아보시고 말씀하셨다. "이른바 고국(故國)이라고 하는 것은 교목(喬木)이 있음을 이르는 것이 아닙니다. 세신(世臣)이 있음을 말하는 것입니다. 왕께서는 신임할 만한 신하가 없으십니다. 어제 등용했던 사람이 오늘 없어진 것조차 모르고 계십니다."
>
> 孟子見齊宣王曰 所爲故國者 非謂有喬木之謂也 有世臣謂之也 王無親臣矣 昔者 所進 今日不知其亡也 〈梁惠王章句 下〉

    세종의 왕도정치를 도왔던 황희와 맹사성은 맹자가 말하는 세신이라 말할 수 있다. 황희와 맹사성은 하루아침에 백성이 믿을 수 있는 교목이 된 것이 아니라 오랜 국정의 경험과 인품이 어우러져 육백 년 조선 역사의 초석이 될 수 있었다. 그들이 인재로 성장하는 데는 그들의 타고난 높은 인품도 있지만, 세종이라는 훌륭한 통치자의 인재를 아끼는 믿음과 기다림도 중요한 인재 발굴의 한 역할이다.

맹자는 인재를 등용하거나 물릴 때에 신중할 것을 말하면서 민심을 먼저 듣고 검증이 이루어진 후에 사람을 쓰거나 물려야 함을 강조하였다.

좌우에 있는 사람들이 모두 어질다고 말하여도 안 됩니다. 여러 대부들이 다 어질다고 말하여도 안 됩니다. 백성들이 다 어질다고 말을 한 뒤에 그 사람을 살펴보아서 어진 사람으로 보인 다음에 등용하십시오. 좌우의 사람들이 다들 안 된다고 말하여도 듣지 마십시오. 여러 대부들이 다들 안 된다고 말하여도 듣지 마십시오. 백성들이 다들 안 된다고 말한 뒤에 살펴서 그가 안 되겠음을 알게 된 후에 내보내십시오.

左右皆曰賢未可也 諸大夫皆曰賢未可也 國人皆曰賢然後 察之見賢焉然後用之
左右皆曰不可勿聽 諸大夫皆曰不可勿聽 國人皆曰不可然後 察之見不可焉然後去之
〈梁惠王章句 下〉

맹자는 어진 인재를 골라 쓰더라도 제선왕이 스스로 욕심을 내어 인재의 학식과 경험을 무시하지 말라고 조언한다. 옥 덩이를 쪼아서 옥을 만들어내는 일은 장인이므로 제선왕은 장인의 전문 기술을 믿고 기다릴 줄 알아야 한다고 조언한다.

맹자께서 제선왕을 찾아보시고 말씀하셨다. "큰 집을 지으시려면 반드시 공사(工師)로 하여금 큰 재목을 구하게 하실 것입니다. 공사가 큰 재목을 얻게 되면 왕께서는 기뻐하시면서 그 나무가 제구실을 다할 수 있다고 생각하실 것입니다. 그러나 목공들이 그것을 깎아서 작게 만들면 왕께서는 성을 내시면서 그 나무가 제구실을 다할 수가 없다고 생각하실 것입니다. 사람이 어려서 배우는 것은 커서 그 배운 바를 실천에 옮기려 하는 것입니다. 왕께서 '너의 배운 바를 버리고 나를 따르라.'고 말씀하신다면 어떻겠습니까?

孟子見齊宣王曰 爲巨室則必使工師求大木 工師得大木則王喜 以爲能勝其任也 匠人斲而小之則王怒 以爲不勝其任矣 夫人幼而學之 壯而欲行之 王曰姑舍女所學而從我 則何如〈梁惠王章句 下〉

여기에서 제선왕의 욕심은 인재의 전문성을 믿고 기다려야 하는 통치자의 태도를 그르치고 있다. 제선왕에게는 일의 전체적인 과정을 볼 수 있는 전문성이 부족하므로 등용한 인재를 믿고 맡길 수 있는 태도적 자질이 요구된다.그러나 제선왕은 공적 기준이 아니라 사심과 욕심으로 일의 초점을 흐리게 하고 있다. 목표와 초점이 잘못되면 일을 그르칠 수 있으므로 인재를 등용하였으면 그가 전문성을 잘 발휘하여 목표를 성취할 수 있도록 도와야 한다.

인재의 선발에 신중하고 선발된 인재는 역량을 발휘하여 목표를 성취하고 전문성을 높여야 한다. 통치자는 선발된 인재가 기량을 펼칠 수 있도록 믿고 기다릴 줄도 알아야 한다. 맹자는 인재의 등용과 성장이 국운을 좌우하는 통치자의 지혜임을 강조하였다.

자신이 바르지 않으면
남을 바르게 할 수 없다

　맹자의 제자 진대陳代는 옛 기록에 "한 자尺를 구부려서 여덟 자를 곧게 한다.(枉尺而直尋)"는 말을 인용하여 맹자가 제후를 만나 줄 것을 간청한다. 이 말은 대를 위해 소를 희생한다는 명분을 내세울 때 하는 말이나 그 희생이 떳떳하지 못한 경우 작은 일이라도 그 정당성을 얻기 어렵다. 진대는 맹자가 제후들을 만나 정치에 참여하면 크게는 왕국을 위해 적더라도 제후국을 위해 백성들에게 도움을 줄 수 있다는 논지를 펼친다. 이에 대해 맹자는 올바른 길이 아니라면 자신의 당당함을 잃지 않아야 한다고 주장하면서 두 가지 관점을 제시한다.

　맹자의 설명에 따르면 올바르지 않은 방법으로 커다란 보상을 받는다는 것은 이익의 관점에서 말한 것일 뿐이다. 이익의 관점에 선다고 하더라도 "여덟 자를 구부려 한 자를 바르게 한다.(枉尋直尺)"면 명분이 서는 일이냐고 반문한다. 결과만을 보고 과정을 간과하는 것은 전체를 그르칠 수 있다고 보았다.

　맹자는 일을 추진할 때 그 과정이 합당한가를 살펴야 한다고 보았다. 맹자는 사냥을 예로 들어 말하면서 속임수로 많은 이익을 보려고 하는 것을 비판하였다. 오늘날의 언어로 말한다면 민심을 얻기 위해 궤변과 궤우詭遇를 사용하는 것은 일시적으로는 민심을 얻는 것처럼 보이나 민심을 얻는 길이 아니라고 보았다.

> 수레를 모는 사람조차도 활 쏘는 사람에게 아부하는 것을 부끄러워하여, 아부해서 새와 짐승 잡기를 산더미같이 할 수 있더라도 하지 않았다. 만일 도를 굽혀서 그런 제후를 따라간다면 무슨 꼴이 되겠는가? 또한, 이것은 그대의 잘못이다. 자기를 굽히는 사람이 남을 바로잡을 수 있는 사람은 아직 없다.
>
> 御者 且羞與射者比 比而得禽獸 雖若丘陵弗爲也 如枉道而從彼 何也 且子過矣 枉己者未有能直人者也 〈滕文公章句 下〉

맹자는 도道가 다른 사람에게 있는 것이 아니라 바로 나 자신과 떨어질 수 없는 것임을 강조했다. 이른바 정도正道는 나에게 딱 맞는 방법과 길을 의미한다. 따라서 정도를 다른 사람에게서 찾는 것은 제대로 된 방법이 아니다. 세상에 도가 있으면 그 도道로서 스스로 자신을 바로 세우고, 세상에 도가 없으면 스스로 자신을 희생하여 도를 구현해야 한다. 맹자에게 있어 이 경우 도道는 삶의 목적이자 이유가 된다. 또한, 도는 나의 존재 이유이자 목적이 된다.

먼저 자신을 진실로 사랑하라

서경 태갑편에 이르면 하늘이 지은 재앙은 피할 수 있지만 스스로 쌓은 재앙은 피할 수 없다고 말한다. 맹자의 사유의 큰 바탕은 나의 행복은 물론 우리의 행복은 모두가 스스로 선택한 것이란 점이다. 물론 불행과 파멸 또한 나의 잘못된 선택과 태도에 의해 결정된다고 보았다.

맹자의 설명에 따르면 어질지 못한 사람과 소통이 이루어지지 않는 것은 그가 위험한 곳과 부패한 곳에 나아가 이익을 얻고자 함으로 스스로 파멸의 길에 들어서기 때문에 사람들이 소통하지 않는다고 보았다. 맹자는 선비들의 노래를 인용하여 창랑滄浪의 물이 맑으면 갓끈을 씻고 창랑의 물이 더러우면 발을 씻는다고 했다. 공자는 어린아이들이 맑은 물에 갓끈을 씻고 더러운 물에 발을 씻는 것이 스스로 선택한 것이지 타인에 의한 강요가 아니라고 말한다. 이와 같은 비유는 내 마음의 상태를 뜻하는 것으로 맑은 물과 더러운 물이 내 마음을 상징한다면 갓끈을 씻는 것과 발을 씻는 것은 나를 대하는 타인의 태도를 상징한다.

사람은 반드시 그 자신을 모욕한 후에야 남이 그를 모욕하는 것이고 가정은 반드시 그 자신이 파괴한 후에야 남이 이를 파괴하는 것이며 국가도 스스로 토벌하게 된 후에야 남이 이를 침범하는 것이다.

夫人必自侮然後 人侮之 家必自毀而後 人毀之 國必自伐而後 人伐之

〈離婁章句 上〉

맹자는 자신을 사랑하지 않는 두 유형을 자포自暴와 자기自棄라고 보았다. 자포는 말이 자신에게 해가 되는 것이고, 자기는 행동이 인仁과 의義를 실천하지 못함을 뜻한다.

맹자께서 말씀하셨다. "자포(自暴)하는 자와는 함께 이야기할 수 없으며 자기(自棄)하는 자와는 함께 일을 할 수 없다. 예의(禮義)를 비난하는 것을 자포라고 하며, 내 몸이 인(仁)과 의(義)에 살 수 없다고 하는 것을 자기라고 한다. 인은 사람의 편안한 집이요, 의는 사람의 바른길이다. 편안한 집을 비워놓고 살지 않으며 바른길을 버리고 가지 않으니 슬프도다."

孟子曰 自暴者不可與有言也 自棄者不可與有爲也 言非禮義 謂之自暴也 吾身不能居仁由義 謂之自棄也 仁人之安宅也 義人之正路也 曠安宅而不居 舍正路而不由 哀哉〈離婁章句 上〉

유학은 인간과 인간의 관계를 중시한다. 그런데 그 관계가 무너지는 것은 타인에게 그 원인이 있는 것이 아니라 무엇보다 먼저 자신을 둘러보아야 한다. 기본적으로 자신을 사랑하지 못하고 자포

자기하는 자는 타인도 나를 업신여기게 되고 이것이 인간관계를 파멸로 이끈다고 보았다. 가정도 국가도 우리가 우리 가정과 국가에 대해 건강한 자긍심을 갖고 사랑하지 않으면 다른 가정과 국가에 대해 올바른 관계를 수립하기 힘들다.

나 자신을 진실로 사랑하는 길은 나 자신이 인간답게仁, 올바르게義 사는 것을 의미한다. 자포자기하지 않는다는 것은 인간다운 정당성, 곧 편안한 사랑의 집에 살면서 올바른 길을 가는 것이다. 무엇보다도 나 자신과의 관계에서 편안함과 올바름이 형성되어야 타인과의 관계도 편안하고 당당할 수 있다.

샘이 깊은 물

맹자의 제자 서자(徐子)가 물었다. "공자께서 자주 물을 칭찬하여 '물이여, 물이여!'라고 하셨는데 물에서 무엇을 취한 것입니까?"

徐子曰 仲尼亟稱於水曰 水哉水哉 何取於水也 〈離婁章句 下〉

맹자가 서자의 질문에 대해 근원이 풍부한 샘물의 덕을 말한다. 샘이 깊은 물은 밤낮을 가리지 않고 흘러나와 웅덩이를 채우고 앞으로 나아가 사해四海로 들어간다. 근본이 있는 것은 이와 같으므로 이것을 취한 것이라고 설명한다.

맹자는 근본이 없는 것은 샘이 없는 물과 같아 칠팔월 우기에 비가 내리면 웅덩이를 채울 수 있으나 마르면 기다릴 수밖에 없다고 말한다. 그러므로 군자는 소리 소문이 실제보다 지나친 것을 부끄럽게 생각한다. 여기에서 웅덩이는 부족한 점을 의미한다. 부족한 면을 채울 수 있는 샘물은 어디에서 찾아야 하는가?

맹자께서 말씀하셨다. "군자가 진리를 깊이 추구하는 데 있어서 그 정당한 방법으로써 하는 것은 스스로 도리를 깨달으려는 것이다. 스스로 도리를 깨달을 수 있다면 그것이 언제나 마음속에 존재하여 안정을 얻게 되고, 안정을 얻게 되면 그것을 빌려서 응용하는 것이 무궁무진하게 될 것이다. 그것을 빌려서 응용하는 것이 무궁무진하게 된다면 좌우신변(左右身邊)의 모든 일이 다 도리의 본원에 합치될 것이다. 그러므로 군자는 스스로 도리를 깨달으려 하는 것이다."

孟子曰 君子深造之以道 欲其自得之也 自得之則居之安 居之安則資之深 資之深 則取之左右 逢其原 故君子 欲其自得之 〈離婁章句 下〉

맹자는 스스로 얻는 깨달음自得之이 지혜의 샘물이 되어 일상생활에 무궁무진하게 활용될 수 있다고 보았다. 스스로 얻은 깨달음이 그 근본과 합치될 수 있다. 부언하면 스스로 얻은 깨달음이 뿌리가 되어 새롭게 현실에 적용될 수 있다.

한편, 맹자는 사람의 삶이 자연의 이치 및 우주의 흐름과 괴리되지 않는다고 보았다. 사람의 삶이 자연의 한가운데서 올바른 이理와 기氣를 얻어야 한다고 보았다.

맹자께서 말씀하셨다. "사람이 금수와 다른 점이 극히 적다. 서민은 인륜(人倫)을 버리지만, 군자는 이를 보존한다."

孟子曰 人之所以異於禽獸者 幾希 庶民 去之 君子 存之 〈離婁章句 下〉

여기에서 인륜은 우주 만물의 원리와 흐름에 동떨어져 있는 것이 아니라 그 안에서 공존하는 올바른 사람의 도리를 뜻한다. 또 다른 샘물의 근원은 인간이 살아가는 세계와 우주 속에서 찾아야 한다.

순임금은 모든 사물의 도리에 밝고 인륜에 밝았으니 그는 인의에 따라 행동한 것이지 인의를 억지로 행한 것이 아니다.

舜 明於庶物 察於人倫 由仁義行 非行仁義也 〈離婁章句 下〉

순임금으로 상징되는 성인의 길은 스스로 깨우쳐 자기 자신과 세계에 대해 올바른 관계와 태도 및 행동을 실천하는 것이다. 그 실천이 자발적인 것이면서 주야로 끊이지 않고 이어지려면 샘이 깊은 물과 같이 무궁한 우리의 마음에서 비롯되어야 한다. 또한, 그 마음은 우주의 보편적 원리와 움직임에 그 궤도를 함께 해야 한다. 우리의 마음이 우주의 생명과 호흡, 그리고 그 변화와 함께하는 것이 우리의 지칠 줄 모르는 에너지의 원천이 된다.

열병(疢疾)을 통해 마음을 단련하라

맹자는 마음의 깨달음과 실천 방법은 연단을 통해 얻어진다고 보았다. 외로운 신하와 서자는 그 마음과 생각이 깊으므로 마음의 깨달음과 실천의 지혜를 터득한다고 보았다.

> 맹자께서 말씀하셨다. 마음의 깨달음과 실천 방법을 아는 사람은 늘 열병 속에 있기 마련이다. 오직 외로운 신하와 서자만이 그 마음가짐을 위태롭게 하며 그 생각하는 것이 깊으므로 사리에 통달하게 된다.
>
> 孟子曰 人之有德慧術知者 恒存乎疢疾 獨孤臣孼子 其操心也危 其慮患也 深故達〈盡心章句 上〉

인용된 '진질疢疾'은 '열병'을 의미한다. 삶의 지혜는 열병을 경험하면서 '절차탁마切磋琢磨'의 과정을 통해 얻어지는 결실이다. 오늘날 우리는 어려움과 고통을 회피하려는 경향을 지닌다. 그러나 우리가 참된 깨달음과 지혜를 얻고자 한다면 절차탁마하는 인고忍苦의 과정을 거쳐야 한다. 쇠가 불에 담금질해야 강철이 되듯이 우리의 인품도 시련과 고통, 도전과 열정 속에서 단단한 경지에 이르게 된다. 음식도 무른 것과 딱딱한 것이 필요하듯이 교육도 평탄한 것과 더불어 어려움과 도전을 필요로 하는 과제가 주어져야 한다. 오히려 평탄한 과제보다는 새로운 도전 속에서 우리의 지혜와 인품이 한 단계 상승한다.

자유인의 중요한 자질은 성숙이다. 성숙한 인간만이 자신의 판단과 선택에 책임을 질 줄 안다. 자신의 판단과 선택에 책임을 지지 못 하는 사람은 자유인이 될 자격이 없다. 그는 자신의 삶의 주인이 될 수 없기 때문이다.

비유로 표현된 외로운 신하와 서자는 어려운 환경 속에서도 스스로 홀로 설 수 있는 사람을 의미한다. 어린아이는 스스로 서기 위해 수많은 엎어짐 속에서도 서려고 노력한다. 홀로 서고자 하는 노력과 도전으로 인류는 두 발로 설 수 있었으며 다른 동물과 달리 자유로운 두 손으로 새로운 도구와 창작물을 만들었고, 두 눈으로는 하늘과 별을 바라보며 찬란한 문화를 꽃피울 수 있었다.

자유인의 품격의 첫 번째 필요요건은 홀로 서는 것, 즉 독립이다. 하나의 개체로서 권리와 의무의 주체로서 당당히 설 수 있을 때 우리는 자유인의 첫 번째 관문을 통과할 수 있다. 자유인의 최종 관문은 연단 속에서 스스로 갈고 닦아 건강한 인품을 완성하는 것이다.

3장

열린 마음으로 소통한다

호연지기(浩然之氣)

所惡於智者 爲其鑿也 如智者 若禹之行水也 則無惡於智矣 禹之
行水也 行其所無事也 如智者亦行其所無事也 則智亦大矣

- 〈離婁章句 下〉

　지혜 있는 자가 싫어하는 것은 인위적으로 천착(穿鑿)하는 것이
다. 지혜로운 자는 우임금이 물이 아래로 흐르게 한 것과 같이 한
즉 지혜를 거스르지 않는다. 우임금이 물을 흐르게 한 것은 그 막
힘이 없는 바를 행함이시니 지혜로운 자가 또한 막힘이 없는 바를
행하면 그 지혜 또한 크게 된다.

- 〈이루장구 하〉

If I am not for myself, who will be for me?

If I am for myself only, what am I?

If not now-when?

- Talmudic Saying Mishnah

만일 내가 나 자신을 위해 존재하는 것이 아니라면 누가 나를 위해 존재할 것인가?

만일 내가 오로지 나 자신만을 위해 존재한다면 도대체 나는 무엇하는 존재인가?

만일 지금이 아니라면 그때는 과연 언제인가?

-『탈무드』의 격언 미슈나로부터

우리 몸의 긍정 에너지,
호연지기(浩然之氣)

호연지기浩然之氣는 문자 그대로 풀이하면 크고 강한 기운이다. 인격의 크기는 그 사람에게서 풍겨 나오는 긍정적 에너지라고 말할 수 있다. 호연지기의 의미를 오늘날에 맞게 풀이한다면 인격의 수련 또는 자아실현을 통해 형성되는 긍정적 에너지이다. 주석에 따르면 호연지기는 인간의 가능성으로서 부여되어 있는 것이다. 그러나 그 가능성의 실현은 저절로 주어지는 것은 아니다. 따라서 수신修身을 필요로 하고 선양善養을 필요로 한다. 공손추가 맹자에게 어떤 점이 고자에 비교할 때 장점이 될 수 있느냐고 질문했을 때 자신은 말을 알고知言, 호연지기를 잘 함양한다고 대답한다.

감히 선생님께 묻겠습니다. 어떤 점이 장점이십니까? 나는 말을 알고 나의 호연지기를 잘 보전하고 신장시킨다.

敢問夫子 惡乎長 曰我知言 我善養吾浩然之氣 〈公孫丑章句 上〉

맹자의 호연지기의 열쇠는 이 말을 단초로 풀어 나갈 수 있다.

그 열쇠는 '지언知言'과 '선양善養'이다. 주석에 따르면 '지언'은 마음을 다하여 성性을 아는 것이요 세상의 말에는 궁극적인 이치가 있지 않음이 없으므로 그 시비득실是非得失의 까닭을 아는 것이라고 설명하고 있다. 지언과 관련된 맹자의 말을 살펴본다.

> 무엇을 지언이라 말합니까? 말씀하시기를 편협한 말에서는 그 감추어진 것을 보고, 방탕한 말에서는 그 함정을 알며, 간사한 말에서는 그 진실에서 떠나 있음을 알고, 도피하는 말에서는 그 어려움을 본다. 이 네 가지 말의 병폐는 마음에서 나와서 그 사회에 해가 되고, 그 사회에서 나온 말이 그 일에 해가 된다. 성인이 다시 온다고 해도 반드시 나의 말을 따를 것이다.
>
> 何謂知言 曰詖辭知其所蔽 淫辭知其所陷 邪辭知其所離 遁辭知其所窮 生於其心 害於其政 發於其政 害於其事 聖人復起 必從吾言矣 〈公孫丑章句 上〉

말은 개인적인 것이기도 하며 사회적인 것이기도 하다. 맹자가 지적한 네 가지 잘못된 말은 개인의 마음에서 나온 것이지만 사회적인 것이 되고, 이 말이 일을 그르치게 만들고 우리의 마음을 병들게 한다. 맹자는 말의 중요성을 알면서 동시에 말의 실체를 제대로 보아야 함을 강조한다. 말을 안다는 것은 단순히 그 말 자체로서는 의미가 없고 그 말이 발생하게 된 상황과 맥락은 물론 그 마음을 읽어야 한다.

말을 바로 알고 말을 바로 세우는 일은 나의 호연지기를 키우는 데 장점이 된다. 마음의 긍정적 에너지가 바른말을 만들고, 바른말은 우리의 말을 당당하게 하고 우리의 마음으로부터 어둠을 몰아낸다.

맹자는 말을 이해하는 측면이든 말로 소통하는 표현의 측면이든 간에 그 말이 이루어진 맥락을 넓고 깊게 볼 수 있어야 호연지기를 키울 수 있다고 보았다.

호연지기를 잘 신장시킨다는 것은 우리의 언어 행동과 일 처리 방식에서 긍정적 에너지가 선순환될 수 있도록 하는 것이다.

반드시 일을 추진함에 있어 미리 마음대로 확정하지 말고 마음으로 잊지 말며 인위적으로 조장하지 말아야 한다. 옛날 송나라 사람이 했던 것과 같이 하지 말라. 그 송나라 사람은 묘가 자라지 않음을 걱정하여 묘를 뽑고 황망히 집에 돌아와 오늘 걱정이 되어 내가 묘가 자라도록 도왔다고 말했다. 그 자식이 달려가서 살펴보니 뽑힌 묘가 시들어 있었다. 천하에 묘가 자라도록 돕지 않을 사람은 적다. 무익한 것을 내버려 두는 것은 김을 매지 않는 사람이고 인위적으로 조장하는 사람은 묘를 잡아 뽑는 사람이다. 이 두 경우는 이익이 없을 뿐만 아니라 또한 해가 된다.

必有事焉而勿正 心勿忘勿助長也 無若宋人然 宋人有閔其苗之不長而揠之者 芒芒然歸 謂其人曰 今日病矣 予助苗長矣 其子趨而往視之 苗則槁矣 天下之不助苗長者寡矣 以爲無益而舍之者 不耘苗者也 助之長者 揠苗者也 非徒無益而又害之 〈公孫丑章句 上〉

맹자는 일을 추진함에 있어 때를 기다리지 못하고 송나라 사람과 같이 미리 잡아 뽑는 행위나 하여야 할 일을 잊고 방치하는 것이 선순환을 막는 것임을 지적하고 있다. 성급하게 미리 확정하고 추진하는 순리에 어긋나는 일처리 방식은 일을 망칠 수 있다. 그러나 게으르게 잡초가 돋아나는 것을 방치하고 있는 경우도 일을 그르치게 한다.

맹자는 긍정적 에너지를 함양함에 있어 우리의 의지가 매우 중요하고 호연지기의 근본은 밖에 있는 것이 아니라 우리의 마음으로부터 솟아나야 함을 강조한다.

가로되 맹자의 부동심을 고자의 부동심과 함께 묻사오니 괜찮겠습니까? 고자는 말에서 얻을 수 없으면 마음에서 구하지 말고, 마음에서 얻을 수 없으면 기에서 구하지 말라 말했습니다. 마음에 없는 것을 기에서 찾지 않는 것은 합당하나 말에서 얻을 수 없는 것을 마음에서 찾지 않는 것은 합당하지 않다. 무릇 의지는 기의 머리요 기는 몸의 충만함이니 의지가 우선 하는 것이요 기는 그 다음이다. 그러므로 그 의지를 간직하며 기운을 손상시키지 말라.

曰敢問夫子之不動心 與告子之不動心 可得問與 告子曰 不得於言勿求於心 不得於心勿求於氣 不得於心勿求於氣 可 不得於言求於心 不可 夫志氣之師也 氣體之充也 夫志至焉 氣次焉 故曰持其志 無暴其氣 〈公孫丑章句 上〉

맹자는 우리의 실천 의지가 기의 머리가 된다고 보았다. 마음이 우리 몸의 긍정 에너지를 조정할 수 있다고 보았다. 언어 역시 마음이 그 머리가 되기 때문에 밖으로 표현된 것에서 찾을 수 없다고 마음에서 구하는 것을 포기하는 것은 잘못된 판단이라고 보았다. 맹자의 기본적인 생각은 인간이 기본적인 가능성으로 호연지기를 지니는 것이기 때문에 호연지기는 원래의 마음으로 돌아가는 것과 같다고 보았다. 이는 우리의 머리와 몸의 관계와 같은 것으로 우리의 머리가 어떻게 인식하는가의 문제가 우리의 몸으로부터 오는 모든 정보를 결정하는 것과 같다. 역으로 우리의 머리가 어떤 의지와 생각을 가지고 있느냐에 따라 우리 몸을 흐르는 에너지氣의 역동성과 충만함을 결정한다고 보았다. 정자는 주석에서 의지가 기氣의 동인動因이 됨이 십에 구요 기(氣)가 실천 의지를 움직이는 힘이 십에 일이라고 말함으로써 맹자의 주장을 뒷받침하였다.

실천 의지가 호연지기를 함양함에 기본이 된다면 맹자의 선양善養은 도덕적 정당성義을 필요로 한다. 달리 말하면 실천 의지의 뿌리는 올바른 마음의 토양 위에 뿌리를 내려야 한다.

> 그것이 기가 되는 데는 의(義)와 도(道)가 함께 한다. 의와 도가 없으면 기가 쇠잔한다. 기는 마음속에서 의를 모아 생기는 것이지 의가 밖으로부터 엄습해서 이를 취하는 것이 아니다. 행동이 마음에 배치되는 것이 있으면 기가 쇠잔한다. 그러므로 내가 일찍이 고자가 의를 알지 못한다고 말한 것은 의를 밖에 있다고 보기 때문이다.
>
> 其爲氣也 配義與道 無是 餒也 是集義所生者 非義襲而取之也 行有不慊於心則 餒矣 我故曰 告子未嘗知義 以其外之也 〈公孫丑章句 上〉

호연지기는 실천을 통해 맹자가 말한 함양이 이루어진다. 그러나 그 실천이 진심에서 비롯되어야 한다. 진솔한 마음에서 나오지 않은 관습적인 의는 진정한 의미의 의義가 아니다.

호연지기 곧 우리 몸의 긍정 에너지는 '지언知言'으로 표현된 깨달음과 진솔한 마음에서 시작된 실천을 통해 활성화된다. 이는 다시 말하면 상황과 맥락을 전체적으로 볼 수 있는 지혜와 진솔한 마음에서 우러나오는 올바른 실천을 통해 함양되고 활성화된다.

인화(人和)의 길

맹자는 천시天時가 지리地利만 못하고, 지리는 인화人和에 견줄 수 없다고 보았다. 맹자가 말한 인화는 주석에 따르면 민심民心의 '화和'를 얻는 것이라고 말하고 있다. 여기에서의 '화'는 '도움'을 의미하는 것으로 읽을 수 있다. 덧붙이면 좋은 때를 얻는 것은 유리한 지리적 위치를 얻는 것만 못하고, 유리한 지리적 위치를 얻는 것은 민중의 도움을 얻는 것만 못함을 나타낸다.

> 그러므로 경계를 만들어 민중을 제한하지 말며 산과 계곡의 험난함을 이용하여 나라를 견고하게 지키려 하지 말고 천하에 위엄을 나타내기 위해 병력의 강함을 이용하지 말라. 도를 지키는 자는 많은 도움을 받고, 도를 잃는 자는 도움을 받음이 적어진다. 후자가 지나치면 친척까지도 이를 등지고, 전자가 축적되면 천하가 이를 따른다.
>
> 故曰 域民不以封疆之界 固國不以山谿之險 威天下不以兵革之利 得道者多助 失道者寡助 寡助之至 親戚畔之 多助之至 天下順之 〈公孫丑章句 下〉

여기에서 '득도자得道者'와 '실도자失道者'의 대비는 인화의 길이 '도

道'를 발견하고 지킴에 있음을 보여준다. 인화의 길로서 맹자가 제시한 길은 소통과 조화의 길이다. 맹자가 생각한 소통은 수직적인 소통이 아니라 수평적 소통이다. 제나라 왕이 병을 핑계로 맹자를 불렀을 때 맹자 역시 병을 들어 조문할 수 없음을 표하였다. 맹자는 왕도 현자에게 나아가 배워야 소통이 가능하고, 이 소통을 통해 열매를 맺을 수 있다고 보았다.

> 그러므로 장차 큰일을 할 임금은 반드시 부를 수 없는 신하가 있고, 정책을 얻고자 하면 나아가 얻었다. 덕을 존중하고 도를 즐김이 이와 같지 않으면 더불어 일을 함이 족할 수 없다.
>
> 故 將大有爲之君 必有所不召之臣 欲有謀焉則就之 其尊德樂道 不如是 不足與有爲也 〈公孫丑章句 下〉

맹자가 강조한 인화는 국가의 위험을 막는 길이요, 조직의 경쟁력과 생산 능력을 높이는 길이다. 이를 위해 권력을 가진 자도 기꺼이 현자에게 나아가 예를 갖추어 배우고 깨달아야 한다. 부를 수 없는 신하란 지혜와 덕이 높은 현자를 뜻한다. 따라서 맹자의 인간관계는 서열에 의한 수직관계가 아니라 쌍방의 이해와 협조를 통해 이루어지는 수평적 관계를 근간으로 한다. 특히 지도자의 조건으로서 낮은 자세로 배우고 소통해야 함을 강조하였다. 상대방에 대한 이해는 낮은 자세로 눈높이를 낮출 때 얻어질 수 있는 소통의 길이다.

한편 맹자는 소통을 위해 조직이 개방적이고 공개적이어야 한다고 보았다.

> 또한 옛날의 군자는 허물이 있으면 곧 이를 고치고 오늘날의 군자는 허물이 있지만 곧 이를 따른다. 옛날의 군자는 그 허물이 해와 달이 줄어드는 것과 같아 민중이 모두 이를 보고 그 변화를 알기 때문에 우러러본다. 오늘날의 군자는 어찌하여 허물을 한갓 따르기만 하고 이를 위해 변명한다.
> 且古之君子 過則改之 今之君子 過則順之 古之君子 其過也 如日月之食 民皆見之 及其更也 民皆仰之 今之君子 豈徒順之 又從而爲之辭 〈公孫丑章句 下〉

맹자는 허물이 있더라도 솔직하게 밝히고 이를 고쳐 나가는 정직성이 지도자에게 요청됨을 분명히 하고 있다. 잘못하고도 이를 덮어 두고 변명하게 되면 그 잘못이 더욱 깊어지고 고질이 되어 개인이나 국가를 파멸에 이르게 한다. 맹자는 정직한 태도와 투명한 공개가 소통의 신뢰를 높여 한 조직을 건강하게 한다고 보았다.

갈등과 불안을 해결하는
열쇠는 나의 태도다

    등나라의 문공은 모르는 것이 있으면 맹자에게 물었고 깨달은 것이 있으면 적극 실천하였다. 문공이 현자가 될 수 있었던 것은 그가 모르는 것이 있으면 묻고 배우기를 게을리하지 않았다는 것이다. 일찍이 송나라에서 맹자의 성선설에 대해 들은 바 있지만 맹자가 요임금과 순임금을 들어서 이야기하였으므로 이에 대해 확신이 부족했다.

    세자가 초나로부터 돌아오는 길에 다시 맹자를 만났다. 맹자께서 말씀하셨다. "세자는 내 말을 의심하십니까? 무릇 도는 하나일 뿐입니다. 성간(成覸)은 제나라의 경공에게 일러 말하기를 '그도 장부이고 나도 장부인데 내가 어찌 그를 두려워하겠는가?'하였고, 안연(顏淵)은 '순임금은 어떤 사람이고 나는 어떤 사람인가? 뜻을 가지고 일을 하기만 하면 역시 마찬가지이다.'하였으며, 공명의(公明儀)는 '문왕은 나의 스승이다. 주공이 어찌 나를 속이겠는가?'라고 말씀하셨습니다."

    世子自楚反復見孟子 孟子曰世子疑吾言乎 夫道一而已矣 成覸謂齊景公曰 彼丈夫也 我丈夫也 吾何畏彼哉 顏淵曰 舜何人也 予何人也 有爲者亦若是 公明儀曰 文

王我師也 周公豈欺我哉 〈滕文公章句 上〉

　맹자는 세자인 등문공을 깨우치기 위해 세 가지의 예를 들어 설명했다. 옛날의 성현들도 한 인간이고 나도 똑같은 인간이기에 내가 뜻을 두고 실천하면 그와 같이 될 수 있다고 힘주어 말하고 있다. 맹자는 등문공의 마음이 불안함을 간파하고 그에게 이해와 용기를 주고자 했다. 불안은 이해의 부족이나 믿음의 부족으로부터 비롯된다. 이해의 부족은 마음의 깨달음이 미약한 데서 오고 믿음의 부족은 경험과 실천이 충분치 못한 데서 온다. 맹자가 말한 요순시대는 일종의 신화로서 실천 가능한 미래의 비전을 역사를 빌어 표현한 것에 불과하다.

　등문공은 강대국 사이에 끼어 있는 등나라를 통치하는 데에 대해서도 자신감이 부족했다. 그래서 맹자는 땅의 크기가 중요한 것이 아니라 등문공 스스로 작게 보고 두려워하지 말아야 하며 무엇보다 자신을 극복하지 못하면 악을 물리쳐서 선에 이를 수 없다고 조언한다.

　이제 등을 살펴보면 긴 것을 잘라 짧은 것을 보완하면 거의 오십 리가 되니 오히려 좋은 나라를 만들 수 있습니다. 서경에 이르기를 "만약에 약이 눈을 캄캄하고 어지럽게 만들지 않는다면 그 병은 낫지 않는다"고 하였습니다.

　今滕絶長補短 將五十里也 猶可以爲善國 書曰 若藥 不瞑眩 厥疾不瘳 〈滕文公章句 上〉

맹자는 마음의 두려움을 좋은 약에 비유하여 어둠을 밝히는 지혜와 고통을 이겨내는 실천의 과정이 없다면 불안을 극복할 수 없음을 말하고 있다.

등문공은 아버지인 정공이 돌아가시자 상사의 문제를 여러 번에 걸쳐 스승인 연우然友를 통해 맹자와 의논한다. 등문공은 맹자로부터 배운 것이 있어 삼년상을 생각하고 있었고 그 또한 아버지의 상을 삼년상으로 치르기를 원했다. 그러나 부형과 백관이 이를 원치 않아 갈등이 야기되었다. 문공 자신은 본인이 일찍이 학문을 하지 않고 말타기와 칼쓰기를 좋아한 까닭에 부형과 백관들이 나를 부족하게 생각한다고 보았다.

맹자께서 이렇게 말씀하셨습니다. "그렇습니다. 다른 사람에게서 해결책을 구할 수는 없습니다. 공자께서도 말씀하시길 '임금이 훙거(薨去)하면 국정은 총재에게 맡기고 죽을 마시고 침통한 표정으로 하여 상주의 자리에 나아가 곡을 하면 모든 관원과 유사들이 감히 슬퍼하지 않을 수 없으니 이를 모든 사람에 앞서서 행하기 때문입니다. 윗사람이 좋아하는 것이 있으면 아랫사람은 반드시 그보다 더 좋아하게 되는 것이다. 군자의 덕은 바람이요, 소인의 덕은 풀이니, 풀은 바람이 그 위로 불어오면 반드시 눕게 마련이다.'라고 하였다. 그러나 이것은 세자께서 하시기에 달려 있습니다."

孟子曰然 不可以他求者也 孔子曰 君薨 聽於冢宰 歠粥 面深墨 卽位而哭 百官有司莫敢不哀 先之也 上有好者下必有甚焉者矣 君子之德風也 小人之德草也 草尙之風必偃 是在世子〈滕文公章句 上〉

맹자는 현재의 당면문제와 갈등을 해결하는 열쇠가 세자에게 있음을 강조한다. 세자가 먼저 백관과 유사들 앞에서 진정성을 가지고 실천하게 되면 바람이 풀을 눕게 하듯이 그들의 마음을 움직일 수 있다고 말한다.

맹자는 갈등과 불안을 극복하는 군자의 자세로 모르는 것을 물어서 이해의 폭을 넓히고, 대화 그 자체가 깨달음의 중요한 과정임을 인식시키고자 했다. 나아가 가장 중요한 것은 지도자가 적극적인 자세로 모범을 보임으로써 길을 열어나가야 그 공동체의 변화가 가능하다고 보았다.

진정으로 **소**통하려면
나의 부족한 점을 먼저 채워라

　맹자는 공자의 말을 인용하여 동산에 오르니 노나라가 작게 보이고 태산에 오르면 천하게 작게 보인다고 말하면서 바다를 본 자는 물이 되기 어렵고 성인의 무리에서 노닌 자는 소인의 뜻을 따를 수 없다고 보았다. 부언하면 우리의 안목과 사유가 우리 삶의 질을 결정한다고 보았다. 이를 달리 말하면 높은 산에 오르면 마을 전체의 모습을 볼 수 있으나 산 중턱에서 보면 마을의 일부만을 보게 되어 편견에 빠지기 쉬움을 경계하는 말이 된다. 바다에 이른 자가 물이 되기 어려운 것은 그 안목이 이미 개방되어 있어 그 작은 안목에 갇혀 있을 수 없음을 의미한다. 자유를 꿈꾸고 진정한 소통을 원한다면 나의 웅덩이부터 먼저 채워야 앞으로 나아갈 수 있다.

　흐르는 물이 목적지에 이르려면 구덩이를 채우지 않으면 앞으로 나아가지 못한다.

　군자가 도에 뜻을 둠에 필요한 역량을 성취하지 못하면 도에 이를 수 없다.

　流水之爲物也 不盈科不行 君子之志於道也 不成章不達〈盡心章句 上〉

주석에 따르면 '장章'을 이룬다는 것은 축적한 바가 두터워 밖으로 드러나는 것을 뜻한다. 또한 '달達'한다는 것은 여기를 채워야 저기에 이를 수 있음을 의미한다. 물이 바다에 이르는 것은 웅덩이를 채워 가면서 앞으로 나아간 결과이며 바다와 같은 통합의 세계에 이르려면 나의 부족한 점부터 먼저 채워나가야 함을 의미한다. 또한 모든 일은 일만 시간의 법칙처럼 부단한 노력의 축적을 필요로 한다는 것을 뜻한다.

맹자가 제시한 자유와 소통의 길은 관조와 실천이라는 양 날개를 통해 이루어진다고 보았다.

> 물을 봄에 방법이 있나니 반드시 그 물결을 보아야 한다. 해와 달은 빛이 있나니
>
> 빛을 받아들이면 반드시 비추게 된다.
>
> 觀水有術 必觀其瀾 日月有明 容光必照焉 〈盡心章句 上〉

맹자가 제시한 소통의 방법은 흐름을 보는 지혜와 마음에 빛을 비추는 실천이다. 이는 달리 말하면 진정한 자유의 길은 실상을 바르게 보는 지혜와 마음의 빛으로 세상을 비추는 실천에 있음을 말한다. 맹자가 여기에서 제시한 지혜와 실천은 피상적인 것이 아니라 해와 달로 상징되는 우주의 밝은 기운이 비추지 않는 곳이 없듯이 그 근본과 실체를 보고 행동하라는 실천 지침으로 읽어야 한다. 실체를 보는 깨달음이 호연지기의 뿌리가 되며 열정적인 실천이 또한 너른 마음으로 소통하는 힘의 원천이 된다.

공감의 언어, 눈동자(眸子)

흔히 눈은 마음의 창이라 말한다. 맹자 역시 사람의 마음이 눈으로 표현된다고 보았다. 심지어 사람의 말을 듣고 그 눈동자를 바라보면 사람의 마음을 숨길 수 없다고 보았다.

> 그 말을 듣고 그 눈동자를 보면 사람이 어찌 숨길 수 있으리오.
>
> **聽其言也 觀其眸子 人焉哉廋** 〈離婁章句 上〉

인간관계에 있어 소통은 매우 중요하다. 우리는 언어를 소통의 매체로 사용하지만 공감은 언어만으로는 부족하다. 우리가 서로 공감대를 조성한다는 것은 마음이 함께 가야 한다. 언어가 의미를 전달하는 매체라면 마음을 전하는 매체는 눈이다. 그래서 예로부터 말하는 사람은 듣는 사람을 바라보며 말해야 한다. 말하는 사람의 눈빛이 다른 곳을 향한다면 듣는 사람도 주의가 산만해질 수밖에 없다. 특히 공감을 얻으려면 어머니가 아기 눈동자를 맞추고 이야기를 하듯이 눈맞춤(eye contact)이 이루어져야 한다. 물론 말을 어떤 자세와 태도로 말하는가에 따라 듣는 사람의 반응과 느끼는 것은 서로 다르다. 공감을 얻어내는 데 있어 눈이 소중한 것은 말하는 사람의 마음을 표현하는 가장 중요한 언어(body language)이고, 듣는 사람이 말하는 사람의 진의를 파악하는 가장 중요한 거울이기 때문이다.

> 맹자께서 말씀하셨다. 사람을 살피는 데는 눈동자보다 좋은 것이 없다. 눈동자는 그 사람의 악을 숨기지 못한다. 속마음이 올바르면 눈동자가 맑고 속마음이 올바르지 않으면 눈동자가 어둡고 흐리다.
>
> 孟子曰 存乎人者 莫良於眸子 眸子不能掩其惡 胸中正則眸子瞭焉 胸中不正則眸子眊焉 〈離婁章句 上〉 194쪽

눈동자는 말이나 얼굴 표정처럼 인위적으로 꾸미기 힘든 부분임을 맹자도 간파하고 있었다. 소통에 있어 공감을 이야기할 때 우리는 정서적인 것을 많이 생각한다. 유가에서는 감성적인 것이 소통에 중요한 요소이긴 하지만 보다 더 근원적인 것은 마음이라고 보았다. 그 마음이 우리의 태도로 나타난다. 남을 업신여기는 마음이 있다면 공손한 태도가 자연스럽게 표현되기 힘들다. 은연중에 남을 업신여기는 거만한 태도를 보이게 된다.

유가에서 중시한 예禮는 주석에 따르면 마음이 중심을 잃지 않고 균형을 이룰 때 얻어지는 몸가짐이다. 유가의 절제는 인위적인 것이 아니라 마음이 조화와 균형을 이룰 때 얻어지는 자연스런 몸가짐이다.

맹자께서 말씀하셨다. "공손한 사람은 남을 업신여기지 않고 검소한 사람은 남의 것을 뺏지 않는다. 남을 업신여기고 남의 것을 마구 뺏는 군주는 오직 백성들이 자기에게 순종하지 않을까 두려워하는데, 어찌 공손하고 검소하게 굴겠는가. 공손함과 검소함을 어찌 음성이나 웃는 모습으로 꾸밀 수 있겠는가?"

孟子曰 恭者不侮人 儉者不奪人 侮奪人之君惟恐不順焉 惡得爲恭儉 恭儉豈可以 聲音笑貌爲哉 〈離婁章句 上〉

공자가 말한 교언영색巧言令色은 말과 얼굴빛을 꾸며서 표현하는 것을 말하고 이런 사람은 어진 사람이 드물다고 조언한다. 맹자는 속마음이 태도로 나타나기 때문에 오랜 시간 수신을 통하여 마음을 변화시켜야 태도도 함께 변한다고 보았다. 궁극적인 공감은 마음의 소통을 의미하고 마음의 소통은 평상시의 그 사람의 태도와 눈동자를 통해 이루어진다. 눈동자는 말소리와 얼굴 표정처럼 꾸밀 수 있는 것이 아니다. 눈동자는 그 사람의 마음과 인격을 비추어 주는 거울이다.

스스로 얻으면 자유롭다

맹자의 진심장에 '효효囂囂'라는 말이 나온다. 주석에 따르면 스스로 얻어 다른 욕심이 없는 것을 말한다.

맹자가 송구천宋句踐에게 남이 자신의 강의를 알아주어도 자유롭고 알아주지 않아도 자유롭다고 말하자 송구천은 어떻게 해야 일희일비一喜一悲하지 않고 자유로울 수 있는지 되묻는다.

이에 대해 맹자는 덕德을 소중히 하며 의義를 즐기면 명예욕으로부터 자유로울 수 있다고 말한다. 덕은 저절로 얻어지는 것이 아니라 스스로 구하여 얻어지는 인품 또는 선행이라 말할 수 있다. 인격 수양에 초점이 맞추어져 있으면 스스로 건강한 자긍심과 자존감을 갖추게 되어 일희일비하지 않는 무게와 중심을 얻게 된다고 보았다.

의義는 지켜야 할 올바른 법도를 의미한다. 따라서 이를 지키면 스스로 편안해지므로 밖에서 오는 유혹으로부터 자유로워질 수 있다. 그러므로 선비는 가난하여 궁窮하여도 올바른 법도를 잃지 않고 부귀를 누리더라도 법도를 벗어나지 않는다. 또한 인품德을 중시하고 올바름義을 즐기면 일을 행함에 결실이 있다고 보았다.

어찌하여야 이와 같이 자유로울 수 있습니까? 덕을 소중히 하고 의를 즐기면 자유로울 수 있다. 그러므로 선비는 궁하여도 의를 잃지 않고 부귀하여도 법도를 벗어나지 않는다.

曰何如 斯可以囂囂矣 曰尊德樂義則可以囂囂矣 故士窮不失義 達不離道〈盡心章句 上〉

여기에서 궁하여도 의를 잃지 않으면 지식인으로서 자신을 얻고 부귀하여도 법도에서 벗어나지 않으면 백성이 희망을 잃지 않는다. 부귀한 자가 법도에 벗어나거나 어긋나지 않는다는 것은 세상과 함께함으로써 백성에게 혜택이 미치도록 하는 일이다. 유가의 기본 생각은 어려운 때에는 수신에 힘쓰고 부와 권력의 기회를 얻게 되면 이를 공유하거나 나누어서 세상을 이롭게 변화시켜야 한다.

어려워도 의를 잃지 않으므로 선비는 자신을 얻고 부귀하여도 도(道)에서 벗어나지 않으므로 백성이 소망을 잃지 않는다. 옛사람은 뜻을 얻으면 백성에게 혜택이 더하도록 하고 뜻을 얻지 못하면 자신을 단련하여 덕행을 세상에 보여주었다. 궁하면 홀로 그 자신을 닦고 부귀하면 천하의 사람들과 선을 함께 했다.

窮不失義 故士得己焉 達不離道 故民不失望焉

故之人得志 澤加於民 不得志 修身見於世 窮則獨善其身 達則兼善天下〈盡心章句 上〉

맹자가 말한 '효효囂囂'의 경지는 마음의 여유를 의미하고 그 마음의 여유는 인격의 함양과 올바름의 실천을 통해 '자중自重'과 '자안自安'에 이를 때 얻어지는 것이라 보았다. 불가의 사유가 마음을 비울 때 자유를 얻을 수 있다고 보았다면, 맹자의 사유는 마음의 성숙과 올바른 행동의 실천을 통해 긍정적 인격을 형성하는 것이 곧 마음의 자유에 이르는 길이라 보았다.

주체의 구원과 도(道)

유가의 도道는 주체적으로 선택한 진실이지만 즉자即自가 아닌 객관적 비판과 성찰을 통해 형성된 대자對自를 뜻한다. 도道가 타자를 따른다는 소리를 들은 적이 없다는 맹자의 말은 주체적 선택이라야 도를 향하여 나아갈 수 있음을 의미한다.

도가 다른 사람을 따른다는 것을 들어 본 일이 없다.

未聞以道 殉乎人者也 〈盡心章句 上〉

맹자가 보았던 세계와 주체, 그리고 '도道'의 관계는 불가분의 관계가 있다. 특히 주체로 상징되는 '신身'과 '도道'로 상징되는 삶의 가치는 순장殉葬으로 표현될 정도로 함께해야 하는 것으로 보았다.

맹자께서 말씀하셨다. 천하에 도(道)가 있을 때는 도로써 자신(身)을 구하고 천하에 도가 없을 때는 스스로 물러나 도를 지킨다.

孟子曰 天下有道 以道殉身 天下無道 以身殉道 〈盡心章句 上〉

주석에 따르면 '순殉'은 '순장殉葬'의 '순殉'과 같다. 고대의 순장은 윤회사상과 관련된다. 죽음을 의미하는 변歹에 음을 표현하면서 열+을 의미하는 '순旬'이 결합된 '순殉'은 십간+干으로 상징되는 순환의 과정을 통하여 처음으로 되돌아온다는 뜻이다. 그러므로 '순殉'은 윤회의 과정을 통하여 다시 태어난다는 의미로 만들어진 글자이다.

천하에 도가 있을 때는 그 도로써 자신을 빛내고 천하에 도가 없을 때는 스스로 물러나 도를 지킴으로써 자기 자신으로 상징되는 주체와 도가 늘 함께 공존해야 한다고 보았다. 이는 삶의 가치와 주체가 함께 할 때 새로운 탄생과 창조의 삶이 이루어진다는 세계관을 반영한다.

천하에 도가 없는 시대에 무리하게 정도에 벗어나면서까지 세상으로 나아가는 것이 아니라 한 발짝 뒤로 물러나 있더라도 당당함을 잃지 않는 삶의 자세가 군자의 길이다. 여기에서의 도道는 주체와 분리되는 것이 아니라 삶과 죽음을 관통하는 가치와 의미를 지니는 것이다. 예컨대 인류의 근본인 '효孝'는 세상의 변화와 개인의 상황에 따라 그 구체적 내용은 달라질 수 있지만, 부모와 자녀의 관계를 바르게 이어주는 가치는 타자가 아닌 주체적 선택과 실천을 통해 구현되어야 한다. 주체적인 결단과 실천이 함께하지 않는 '도道'는 도로서의 가치를 상실한다. 또한 '도'가 주체로서의 자유인의 삶과 무관하다면 '도'로서의 가치를 지닐 수 없다. 유가儒家에서 말하는 '도'는 추상 개념이지만 현실 존재로 표현되는 주체 곧 '신身'과 끊임없이 변증법적으로 소통되는 개념이다.

참된 용기

맹자는 북궁유北宮黝와 맹시사孟施舍 및 증자曾子의 용기를 비교하면서 참된 용기에 대해서 말한다.

북궁유는 용기를 기르는데 살을 찔려도 몸 하나 움찔하지 않고 눈을 찔러도 눈 하나 깜빡이지 않으며, 털끝만큼이라도 남에게 꺾이면 마치 사람이 모여드는 장터에서 매를 맞는 것과 같이 생각했다. 넓고 큰 옷을 몸에 걸친 천한 사람에게도 업신여김을 받지 않았고 만승의 임금에게도 업신여김을 받지 않았다. 만승의 임금에게 대들기를 마치 보잘것없는 천한 사람에게 대드는 것과 같이 생각했고, 겁내는 제후가 없었으며 나쁘다고 비방하는 소리가 들려오기만 하면 반드시 보복을 했다.

맹시사가 용기를 기르는 방법은 이기지 못할 것도 이길 것 같이 생각하고, 적의 힘을 알아본 뒤에 나아가고, 이길 자신이 선 뒤에야 싸운다. 이는 반드시 이길 것을 생각한 것이 아니라 두려워함이 없이 용감하고 당당하게 나아갈 것을 생각했다.

맹자는 맹시사가 증자曾子와 유사하고 북궁유는 자하子夏와 유사하다고 하면서 두 사람의 용기 가운데 누가 현명한지는 모르지만 맹시사의 지킴이 요령이 있다고 평하였다. 북궁유는 공자의 제자 가운데 자하와 같다고 평한 것은 직설적이고 눈에는 눈, 이에는 이로 대응하는 태도가 유사하기 때문이다. 성급하게 행동하는 것이 장단점이 있겠으나 자하는 성급함으로 큰 화를 입기도 했다. 맹시사는 증자와 유사하여 행동하기 전에 심사숙고하는 태도를 견지한다. 반드시 승리를 보장하는 것은 아니지만 행동하기 전에 자신의 문제점과 두려움을 제거함으로써 마음이 흔들리지 않는 사람이었다. 맹자는 북궁유나 맹시사의 용기가 비슷한 것이기는 하나 북궁유의 용기는 만용에 가까운 것이고 맹시사는 적어도 자기 자신을 돌아보고 기개를 잃지 않으므로 맹시사의 요령이 낫다고 평가하였다.

맹자는 여기에서 더 나아가 맹시사의 용기와 증자의 용기를 논하면서 증자의 용기가 참된 용기라 보았다.

옛날에 증자가 제자 자양(子襄)에게 말하였다. "자네는 용기를 좋아하느냐? 내가 일찍이 공자로부터 커다란 용기에 대해 들은 바가 있다. 스스로 돌아보아 옳지 않으면 비록 천한 사람이라도 두려워하지 않을 수 없으며 스스로 돌아보아 옳은 일이면 비록 천만인이라도 내가 나아갈 것이다."

昔者 曾子謂子襄曰 子好勇乎 吾嘗聞大勇於夫子矣 自反而不縮 雖褐寬博 吾不惴焉 自反而縮 雖千萬人吾往矣 〈公孫丑章句 上〉

맹시사는 자신을 보존하는 것이 참된 용기라고 보고 나아갔지만 공자가 말한 참된 용기는 스스로 돌아보아 의로운 일이라야 한다. 맹시사의 지킴이 내 몸의 기氣라면 증자가 지키려 한 것은 스스로 돌아보아 천리에 어긋남이 없는 것이다. 이를 달리 표현하면 하늘의 이치에 합당하는 주체의 당당함을 참된 용기라 보았다.

맹시사의 지킴은 기(氣)이므로 증자가 지키려고 한 정당함만 같지 못하다.

孟施舍之守氣 又不如曾子之守約也 〈公孫丑章句 上〉

잘못이 있으면 고치고 이를 보여주라

제齊나라 선왕宣王이 연燕나라의 혼란을 틈타 침공하여 그 땅을 차지하였다. 그러나 맹자의 말대로 선정을 베풀지 못하고 학정을 행함으로써 민심을 잃었으므로 천하의 여러 나라가 힘을 합쳐서 제나라를 치려 하였다. 제선왕이 공포를 느껴 맹자에게 대책을 물었을 때, 맹자는 하루빨리 포악한 정치를 중지하고 연나라를 회복시킨 뒤에 군대를 철수하는 것이 수습책임을 제시했었다. 그러나 이익 추구에 눈이 어두운 왕은 맹자의 말을 받아들이지 않았다.

연나라 백성들의 원한은 극도에 이르러서 마침내 반기를 들고 제나라에 대항하였으며 제나라 군대는 연나라에서 쫓겨나고 말았다. 제선왕은 두 번씩이나 맹자의 말을 듣지 않았던 것이 후회스러울 뿐만 아니라 맹자를 대할 면목이 없게 되었다.

연나라 사람들이 반기를 들었다. 왕께서 말씀하셨다.

"내가 맹자에게 심히 부끄럽다."

진가(陳賈)가 여쭈었다. "왕께서 근심하지 마십시오. 왕께서는 주공과 비교해서 누가 더 어질고 지혜롭다고 생각하십니까?"

"아니, 그것이 무슨 말인가?"

"주공(周公)께서 관숙(管叔)으로 하여금 은나라를 감독하게 하셨는데 관숙이 은나라 백성들을 이끌고 반기를 들었습니다. 이렇게 될 줄 미리 알고 시켰다면 그것은 어질지 못한 것이며, 알지 못하고 시켰다면 그것은 지혜롭지 못한 것입니다. 인(仁)과 지(智)는 주공께서도 다하지 못하셨는데, 하물며 왕께서 과실이 없을 수 있겠습니까? 신이 만나보고 해명하겠습니다."

燕人畔 王曰吾甚慙於孟子 陳賈曰 王無患焉 王自以爲與周公孰仁且智 王曰 惡是何言也 曰周公使管叔監殷 管叔以殷畔 知而使之 是不仁也 不知而使之 是不智也 仁智周公未之盡也 而況於王乎 賈請見而解之 〈公孫丑章句 下〉

제나라의 대부 진가陳賈는 제선왕의 허락을 받아 맹자를 만났다. 진가는 맹자를 만나 주공周公이 관숙을 임용한 일에 대해 잘못이 있음을 주장하였다. 맹자는 관숙이 주공의 형이므로 임용 당시에는 형을 믿을 수밖에 없는 상황이었음을 말하면서 중요한 것은 잘못이 분명하면 즉시 이를 고치고 행동으로 보여주어야 함을 강조하였다.

또한, 옛날의 군자는 잘못이 있으면 이를 고쳤고 오늘날의 군자는 잘못이 있어도 이를 따른다. 옛날의 군자는 그 잘못이 일식, 월식과 같아서 백성들이 이를 모두 볼 수 있었고 그 고친 것을 백성들이 모두 우러러보았다. 오늘날의 군자는 어찌하여 잘못을 밀고 나갈 뿐만 아니라 이를 위하여 변명까지 하려 든다.

且古之君子 過則改之 今之君子 過則順之 古之君子 其過也如日月之食 民皆見之

及其更也 民皆仰之 今之君子 豈徒順之 又從而爲之辭〈公孫丑章句 下〉

   맹자의 논리에 따르면 인간은 완벽할 수 없으므로 잘못이 있을 수 있다. 중요한 것은 잘못과 허물이 있을 때 이를 즉시 고치고 행동으로 보여주어야 백성이 믿게 된다는 것이다. 정치에 있어 중요한 것은 믿음이며 그 믿음은 잘못이 있을 때 위정자가 어떤 태도를 보여주는가에 따라 크게 달라진다. 제선왕이나 진가가 보여주었던 잘못의 답습과 변명은 백성들의 신뢰를 얻지 못하며 스스로 파멸을 자초하게 된다. 위정자가 잘못을 즉시 고치고, 해와 달처럼 분명하게 고쳐진 모습을 보여주고 입증해야 백성들 속에 굳건한 믿음의 뿌리가 내려진다.

올바로 이해하는 것이
소통의 길이다

우리는 일상생활에서 오해로 인한 소통의 단절을 경험하는 경우가 많다. 특히 편견과 잘못된 이미지가 우리의 소통을 가로막는 장벽이 된다.

제齊나라의 윤사尹士는 맹자가 천 리 먼 길을 와서 왕을 만나고 난 후 뜻이 맞지 않아 다시 떠나는 것에 대해 불만이 많았다. 윤사는 제선왕이 탕왕이나 무왕과 같은 성왕聖王이 될 수 없음을 맹자가 몰랐다면 지혜가 없는 것이고, 알았다면 벼슬과 돈을 탐한 것이라 보았다. 또한, 제나라를 떠나면서도 즉시 떠나지 않고 가까운 곳에서 삼 일간 머무른 것을 불쾌하게 여겼다. 이에 대해 맹자는 다음과 같이 말한다.

윤사가 어찌 나를 알리오? 천리를 달려 왕을 만난 것은 내가 바라는 바였다. 뜻이 부합하지 않아 떠나는 것이 어찌 내가 바라는 일이겠는가? 부득이한 일일 뿐이다. 내가 삼일간 머물다가 주(晝) 땅을 떠난 것은 내 마음으론 오히려 빠르게 여겨진다. 왕이 뜻을 바꾸기를 소망했고 왕이 뜻이 바뀌면 반드시 나를 부를 것이라 보았다.

日夫尹士 惡知予哉 千里而見王 是予所欲也 不遇故去 豈予所欲哉 予不得已也 予
三宿而出畫 於予心猶以爲速 王庶幾改之 王如改諸則必反予〈公孫丑章句 下〉

맹자는 그 임금에게 간諫하였다가 받아들이지 않는다고 화가 나서 황급히 떠나가는 소장부小丈夫와 같이 행동하고 싶지 않음을 설명하였다. 이 말을 듣고 윤사는 자신이 소인임을 깨닫게 된다.

윤사는 이말을 듣고 말하였다. "내가 진실로 소인이로구나."

尹士聞之曰 士誠小人也〈公孫丑章句 下〉

윤사의 맹자에 대한 태도 변화를 읽을 수 있다. 윤사가 맹자를 잘못 인식하고 있었던 것은 자기 논리에 갇혀 있는 폐쇄적 사고 때문이었다. 윤사는 맹자의 설명을 듣고 나서 맹자에 대한 오해가 풀리게 되었다. 맹자가 벼슬과 녹봉 때문에 제나라를 찾은 것이 아니라 그의 정치적 비전을 펼쳐 보고자 제선왕을 찾았음을 이해하게 된다. 또한, 뜻이 받아들여지지 않는다고 즉시 떠난 것이 아니라 삼일간 머무른 것 역시 맹자의 소아적 발상이 아님을 알게 된다. 맹자는 제선왕의 마음이 바뀔 수 있음을 기대했다. 맹자의 기다림은 그의 뜻이 크고 간절했기 때문이었다.

주를 떠나도 왕이 나를 쫓지 않으므로 나는 자유로이 돌아갈 뜻을 가질 수 있었다. 비록 그러하나 어찌 왕을 버릴 수 있겠는가? 왕께서 선하게 되기에 족한 자질

이 있으므로 나를 사용하시면 어찌 제나라 사람만 평안하겠는가? 천하의 백성들

이 평안하게 될 것이다. 왕께서 마음을 고치게 되시기를 나는 언제나 바라고 있다.

夫出晝而王不予追也 予然後浩然有歸志 予雖然豈舍王哉 王由足用爲善 王如用予

則豈徒齊民安 天下之民擧安 王庶幾改之 予日望之 〈公孫丑章句 下〉

소통을 위하여 들어난 사실(fact)뿐만 아니라 그 사실의 배경이
되는 맥락(context)을 이해하려는 노력이 이루어져야 한다. 맥락을
이해하기 위해 우리는 현장을 찾아야 하고 많은 사람을 만나 대화
해야 한다. 무엇보다 먼저 내가 그어놓은 편견과 장벽은 없는가 살
펴보아야 한다. 진정한 만남과 소통은 화자와 청자, 나와 너, 사실
과 사실이 만나는 맥락 속에서 이루어진다. 하나의 점이 아니라 점
과 점이 이어져 이야기(story)를 이루고 역사를 만드는 것은 그 점
과 점을 이어주는 인간의 마음이다. 인간의 마음은 서로를 잘 이
해하고 같은 주파수에 있을 때 공감을 통하여 소통하게 된다. 공
감이란 정서적 요인은 이해라는 앎의 양식을 그 기본 배경으로 한
다. 자신을 잘 아는 것은 나와 공감하는 전제 조건이다. 이는 자아
와 대상 간의 관계에서도 성립한다. 진정한 소통은 올바른 이해를
토대로 한다.

대장부(大丈夫)론

　전국시대의 종횡가縱橫家였던 경춘景春이 자기와 같은 부류의 정치기술자인 공손연公孫衍과 장의張儀를 능력과 영향력이 매우 크므로 대장부大丈夫라고 말하자 맹자는 이에 대해 비판한다. 경춘景春은 공손연과 장의가 한번 노하면 제후들이 두려워하고 그들이 편안히 있으면 천하가 잠잠해 짐을 들어 대장부라고 주장한다. 이에 대해 맹자는 첩부妾婦의 도道와 대장부의 도道에 대해 말한다. 첩부의 도가 부모와 남편을 따르는 것이라면 대장부의 도는 천하의 넓은 곳에 살면서 천하의 바른 자리에 서서 천하의 대도大道를 행하는 것이라고 말한다.

　천하의 넓은 곳에 산다는 말은 마음이 어질다는 것을 의미한다. 인仁은 달리 말하면 핵심을 볼 줄 알고 멀리 보고 나아가는 것을 의미한다. 종횡가縱橫家들은 시류에 휩싸여 흔들리지만, 대장부는 널리 보고 현실을 극복하는 지혜를 발휘한다. 천하의 바른 위치에 선다는 말은 상황에 맞는 균형과 조화의 자리에 선다는 것을 뜻한다. 이를 위해 자신을 잘 알고 이해하는 일이 우선되어야 한다. 나아갈 때와 물러설 때를 선택하는 것은 남이 아닌 자기 자신이다. 천하의 대도를 실천한다는 것은 의롭게 행동하는 것을 의미한다. 의義는 정당성에서 나오는 당당함과 열정이다. 사람이 용기 있게 행동하는 것은 그 당당함과 열정이 조화와 절제의 미덕을 발휘할 때이다.

대장부는 뜻을 얻었을 때 그 뜻을 백성들과 더불어 펼쳐 나가고 뜻을 이루지 못했을 때는 홀로 그 도道를 실천한다. 부귀富貴에 방탕하지 않고 가난에 그 자존심을 꺾지 않으며 권력에 굴복하지 않는다. 여기에서 뜻을 얻었다고 하는 것은 당시의 상황으로 볼 때 관직을 얻게 되었다는 것을 의미한다.

맹자가 보았던 대장부는 전국시대 무력에 의해 뒷받침되는 권력이나 화려한 언변으로 세상을 휘두르는 사람을 말하는 것이 아니다. 맹자가 중시했던 대장부는 너른 안목과 어진 마음을 바탕으로 자신이 있어야 할 곳에서 당당하고 떳떳하게 그 뜻을 펼치고 그 도를 실천하는 사람이다.

천하의 넓은 곳에 살면서 천하의 바른 위치에 서서 천하의 큰 도(道)를 실천해야 한다. 뜻을 얻으면 백성들과 더불어 그 뜻을 펼치고 뜻을 얻지 못하면 홀로 그 도(道)를 실천하여 부귀(富貴)에 방탕하지 않고 빈천(貧賤)에 그 지조를 꺾지 않으며 권력에 굴복하지 않는 사람이 대장부(大丈夫)라고 말할 수 있다.

居天下之廣居 立天下之正位 行天下之大道 得志與民由之 不得志獨行其道 富貴不能淫 貧賤不能移 威武不能屈 此之謂大丈夫 〈滕文公章句 下〉

역사는 소통의 방식이다

역사는 소통의 방식이다. E. H. Carr의 "역사는 과거와 현재의 대화"라는 말도 역사가 소통의 한 방식임을 말한다. 다른 사람은 역사를 거울에 비유하기도 한다. 아시다시피 거울은 자신의 얼굴을 들여다보기 위한 도구이다. 덧붙이면 자신의 모습을 바로 보기 위한 도구이다. 나의 모습을 보기 위해 거울을 들여보듯 역사를 들여다보아야 한다. 나를 바로 이해하기 위한 소통의 방식으로 역사를 들여다보아야 한다.

맹자에 따르면 주나라가 동쪽으로 서울을 옮긴 뒤 왕의 정치와 법령이 소통되지 못하는 어려움을 겪게 된다. 이때 민심을 알기 위해 방편으로 택한 것이 민간에 불리는 노래를 채록하는 것이었다.

맹자께서 말씀하셨다. "왕자의 자취가 끊어지니 시가 없어지고 시가 없어진 뒤에 춘추가 지어졌다. 진(晉)나라의 〈승(乘)〉과 초(楚)나라의 〈도올(檮杌)〉, 노(魯)나라의 〈춘추(春秋)〉는 사서(史書)라는 점에 있어서 같은 것이다. 거기에 기록되어 있는 것은 제환공이나 진문공에 관한 일들이며 그 글은 사관들이 기록한 것이다. 공자께서 '그 뜻을 내가 외람되게 취한 것이다.'라고 말씀하셨다."

孟子曰 王者之迹 熄而詩亡 詩亡然後 春秋作 晉之乘 楚之檮杌 魯之春秋 一也 其

事則齊桓晉文 其文則史 孔子曰 其義則丘 竊取之矣〈離婁章句 下〉

주나라가 국력이 약화 되면서 천자의 순수巡狩나 제후의 술직述
職이 끊어지게 되었다. 순수나 술직은 천자가 민심을 보고 듣는 소
통의 형식이었다. 이것이 어려워지자 민간에 소통되는 노래를 채록
하였다. 민요는 그 시대를 살아가는 백성들의 애환이 담겨 있다.
민요를 채록하는 것 또한 민심을 읽기 위한 하나의 방편이다. 시망
詩亡으로 표현된 것은 시가 민심을 담아내지 못하게 변하였음을 의
미한다. 시를 채록하는 것이 끊기면서 취한 소통의 방식이 역사서
의 기록이다. 진나라의 『승乘』과 초나라의 『도올檮杌』그리고 노나라
의 『춘추春秋』가 이와 같은 사서이다. 그 역사적 사건은 제나라와
진나라의 사건이고 이것을 적은 것은 사관이나 공자가 그 의미를
훔쳤다고 표현하였다.

역사서는 단지 과거의 사건과 사실을 그대로 적은 것이 아님을
알 수 있다. 역사서는 시대와 또 다른 시대의 소통을 위해 쓰였다.
한 사람과 한 시대에 대한 이해와 평가는 그 문맥이 되는 역사 속
에서 이루어져야 한다. 그 의미를 훔쳤다는 말은 주석에 따르면 겸
양의 말로 쓰인 것이라고 하지만 나의 생각은 그 의미를 새롭게 발
견해야 한다는 뜻으로 읽힌다. 역사의 의미는 사관의 정확한 역사
기술을 토대로 하여 사관과 사관, 시대와 또 다른 시대, 과거와 현

재, 과거와 미래, 과거와 현재와 미래를 소통시킴으로써 얻어지는 것이다. 한 단편을 보기 위해 역사를 쓰는 것이 아니라 단편과 단편을 연결하여 큰 흐름과 산맥을 보기 위해 역사는 쓰여진다. 역사의 의미는 그 큰 흐름과 산맥 속에서 다시 한 사건과 단편의 새로운 의미를 발견하는 것이기도 하다.

소문(rumor)과 논리(論理)

소문(rumor)은 사실의 확인 과정이나 근거가 미흡한 떠도는 이야기이다. 소문은 예나 지금이나 공동체의 신뢰를 무너뜨린다. 맹자가 그의 제자 만장萬章과 나눈 대화에는 남의 일에 대해 말하기를 좋아하는 사람이 퍼뜨린 소문이라고 맹자가 부정하는 말들이 있다. 만장이 소문에 대해 말하면 맹자가 이에 대해 부정하는 방식이다. 맹자의 부정은 소문에 대한 합리적인 사유와 근거를 찾는 논리論理에 그 기반을 둔다.

> 만장이 여쭈었다. "어떤 사람이 말하기를 백리해(百里奚)가 진(秦)나라의 가축을 기르는 사람에게 다섯 장의 양가죽을 받고 스스로를 팔아서 소를 먹이는 자가 되었다가 진나라의 목공에게 벼슬을 요구하였다."고 하는데, 그것이 사실입니까? 맹자가 말씀하셨다. "아니다. 그렇지 않다. 남의 일을 말하기 좋아하는 사람의 말이다. 백리해는 우(虞)나라 사람이다. 진(晉)나라 사람들이 수극(垂棘)에서 난 구슬과 굴(屈) 땅에서 난 말을 선사하여 우(虞)나라에서 길을 빌려 괵(虢)을 치려 하였다. 그때 궁지기(宮之奇)는 이를 간하고 백리해는 간하지 않았다."

萬章問曰 或曰 百里奚 自鬻於秦養牲者 五羊之皮 食牛 以要秦穆公 信乎 孟子曰

否 不然 好事者爲之也 百里奚虞人也 晉人以垂棘之璧與屈產之乘 假道於虞以伐虢

宮之奇諫 百里奚불간 〈萬章章句 上〉

맹자의 반박 논리는 두 가지다. 하나는 사실 확인이고 다른 하나는 사유의 명증성, 곧 합리적 타당성을 근간으로 한다. 우虞나라의 현신賢臣 백리해가 우나라를 떠나 진秦나라로 오게 된 것은 진나라가 괵을 치겠다는 명분으로 우나라의 길을 빌리겠다고 한 것이 우를 괵虢과 함께 침공하고자 하는 것임을 간파했기 때문이다. 백리해가 진秦으로 간 것이 나이 칠십이고 우공에게 간할 수 없었으므로 떠났다. 우공이 장차 망할 것을 알고 먼저 떠난 것을 지혜롭지 않다고 말할 수 있는가라고 반문한다. 이때에 진나라에서 등용되어 목공이 함께 일할 수 있음을 인식하고 재상이 된 것을 지혜롭지 않다고 비난할 수 있는가라고 반문한다. 맹자는 백리해가 자신을 판 것이 아니라 목공의 가능성과 인품을 보고 스스로 선택한 것이라 반문한다.

나쁜 소문은 사실 확인과 근거가 미흡할 뿐만 아니라 주로 남에 대한 정당한 가치 평가가 아닌 부정적인 평가가 수반된다. 백리해에 대한 부정적인 평가에 대해 맹자는 현명한 사람은 미래에 대한 예측과 판단이 올바르고 정확해야 한다고 보았고 스스로를 판 것이 아니라 스스로 선택한 것임을 강조한다.

만장이 공자가 위에 계실 때 종기를 고치는 옹저癰疽의 집에 묵으시고 제나라에 계실 때는 시인侍人 척환瘠環의 집에 묵으셨다고 하는데 그와 같은 일이 있었느냐고 묻는다. 이에 대해 맹자는 이 또한 남의 일을 말하기 좋아하는 사람이 하는 말이라 설명한다.

위衛나라에서는 위의 현명한 대부 안수유顏讎由의 집에 머무르셨고, 이때에 미자의 아내가 자로의 아내와 형제 사이였다. 미자가 자로에게 말하기를 '공자께서 우리 집에 묵으시면 위衛나라의 경卿 자리를 얻을 것이요.'라고 하였다. 자로가 공자께 이 말을 고하니 공자께서 말씀하시기를 '천명이 있는 것이다.'라고 하셨고 예로써 나아가시고 의로써 물러나셨음을 근거로 들어 반론을 폈다. 공자가 옹저癰疽의 집에 머무르고 척환瘠環의 집에 묵으셨다고 말하는 것은 의도 아니고 천명도 아니라고 보았다. 맹자는 공자가 위급한 때에도 아무 곳에나 묵으시지 않았음을 근거로 들면서 사람을 평가할 때는 그가 어느 곳에 머무르는가를 보면 알 수 있다고 보았다.

내가 듣기로는 가까운 신하를 살피는 것은 그 집에 묵고 있는 사람을 보고 먼 신하를 살피는 것은 그가 묵고 있는 집주인을 본다고 들었다. 만약 공자께서 옹저나 시인 척환의 집에 묵으셨다면 어떻게 공자가 될 수 있겠는가?

吾聞觀近臣 以其所爲主 觀遠臣 以其所主 若孔子主癰疽與侍人瘠環 何以爲孔子

〈萬章章句 上〉

벗(友)은 그 덕(德)을 기리는 것이다

기린다는 말은 칭찬하고 기억한다는 의미를 지닌다. 벗友은 그 덕德을 칭찬하고 기억하는 것이 벗에 대한 예禮이다. 만장萬章이 벗에 관해 물었을 때 맹자는 다음과 같이 말한다.

> 만장이 여쭈었다. "감히 벗을 사귀는 길을 묻습니다." 맹자께서 말씀하셨다. "나이 많은 것을 믿지 않으며 몸이 귀한 것을 믿지 않으며 형제가 많은 것을 믿지 않고 벗해야 한다. 벗을 한다는 것은 그 덕을 벗하는 것이니 믿고 의지하는 일이 있어서는 안 된다."
>
> 萬章問曰 敢問友 孟子曰 不挾長 不挾貴 不挾兄弟而友 友也者 友其德也 不可以有挾也 〈萬章章句 下〉

벗이란 나이나 신분이나 형제를 보고 사귀는 것이 아니라 친구의 덕德을 벗하는 것이라 설명한다. 여기에서 '덕德'은 무엇을 의미하는가? '덕'은 그 사람이 가진 마음의 매력을 의미한다고 볼 수 있다. 벗이 된다고 하는 것은 마음의 이끌림이 있으므로 가능하다.

그 이끌림은 권력이나 신분과 같은 외적인 힘을 뜻하는 유형의 것이 아니다. 또한, 소유하거나 의지하는 것이 되어서는 안 된다.

맹자는 맹헌자孟獻子가 백승지가百乘之家인 대부의 신분이지만 그의 친구 악정구樂正裘와 목중牧仲, 그리고 다른 세 사람과 벗이 되었음을 예로 든다. 맹헌자가 이 다섯 사람과 벗이 된 것은 백승지가라는 자신의 신분을 인식하지 않았으며 이 다섯 사람 역시 맹헌자의 신분을 염두에 두었다면 더불어 벗할 수 없었을 것이라고 설명한다. 맹자의 설명에 따르면 벗이란 신분의 고하를 초월하는 인간관계이다.

진평공晉平公과 진晉나라의 현인 해당亥唐의 관계는 큰 나라의 임금이지만 현자인 해당의 덕을 사모하여 그의 집을 방문한다. 평공은 들어오라면 들어가고 앉으라면 앉고 먹으라면 먹었다. 비록 거친 밥과 나물국이라도 배불리 먹지 않을 때가 없었다. 그러나 맹자는 진평공과 해당의 관계는 선비가 현자를 공경하는 데 그쳤을 뿐 왕공이 현자를 공경하는 데까지는 이르지 못하였다. 그것은 평공이 하늘이 준 직분을 함께 나누어 다스리지 않았고, 하늘이 준 녹을 함께 나누지 않았음을 들고 있다.

평공에 대하여 불만을 나타낸 맹자는 천자이면서 아무런 지위도 없는 필부를 벗한 요와 순 사이의 우도友道를 소개한다.

순이 요임금을 올라가 뵈었더니 요임금은 순을 부궁(副宮)에 머무르게 하시고 또 순을 위해 향연을 열기도 하였다. 서로 번갈아 가면서 손님도 되고 주인도 되셨으니

이것은 천자로서 필부를 벗하는 것이다. 아랫사람이 윗사람을 공경하는 것을 귀귀

(貴貴)라고 하며 윗사람이 아랫사람을 공경하는 것을 존현(尊賢)이라 하는데 그 의의

는 같은 것이다.

舜尚見帝 帝館甥于貳室 亦饗舜 迭爲賓主 是天子而友匹夫也 用下敬上 謂之貴貴

用上敬下 謂之尊賢 貴貴尊賢其義一也 〈萬章章句 下〉

　　요임금이 순을 벗한 것은 윗사람으로써 아랫사람을 존중한 존현

尊賢의 예이고 다섯 친구가 대부인 맹헌자를 벗한 것은 아랫사람으

로 윗사람을 존중한 예가 된다. 벗이 됨으로써 우리는 귀인과 현인

의 덕을 벗하게 된다. 덕德은 인간의 높은 품격으로부터 나오는 아

름다움이며 벗은 그 아름다움을 함께 즐기고 나누는 것이다.

그리워하는 마음

공손추公孫丑가 고자高子에게 물으니 고자는 시경의 소아편小雅 篇을 소인小人의 시라고 평한다. 맹자가 그 이유를 물으니 부모를 원 망하는 것이기 때문이라 말한다. 이에 대해 맹자는 고자의 시 해 석이 고루하다고 평한다. 시경 소아편의 소변小弁에 나오는 시는 주 나라 유왕幽王이 포사褒姒라는 요녀를 사랑해서 정궁正宮인 신후申 后를 내쫓고 적자인 태자 의구宜臼를 폐한 데 대해 태자가 부(傅, 스 승)의 시를 빌려 아버지 유왕을 원망하는 시다.

맹자는 태자의 시가 담고 있는 내용이 어떤 상황에서 나온 것인 가를 파악한 후에 평가해야 한다고 보았다. 동일한 내용도 그 시가 나온 상황에 따라 의미가 다르기 때문에 상투적인 해석은 잘못된 것이라 보았다.

맹자는 그 누구보다 논리와 합리에 충실한 사람이었다. 맹자가 공손추를 설득하기 위해 다른 예를 들어 설명한다.

여기 한 사람이 있다고 하자. 월(越)나라 사람이 활을 당겨 그를 쏘려고 한다면 담소로써 그러지 말라고 하는 것은 다름이 아니라 월나라 사람과 소원하기 때문이다. 형이 활을 당겨 그를 쏘려고 한다면 눈물을 흘리면서 그러지 말라고 하는 것은 다름이 아니라 그 형과는 친근하기 때문이다. 소변의 원망은 어버이를 친애하는 데서 나온 것이다. 어버이를 친애하는 것은 인(仁)이다. 고루하도다. 고수(高叟)의 시를 해석함이여.

有人於此 越人關弓而射之 則己談笑而道之 無他疏之也 其兄關弓而射之 則己垂涕泣而道之 無他戚之也 小弁之怨 親親也 親親仁也 固矣夫 高叟之爲詩也 〈告子章句 下〉

맹자는 표현된 원망의 뿌리가 되는 것은 본심인 어진 마음(仁)이지 원망이 아니라고 보았다. 고수(高叟, 고자가 맹자보다 연장자였기 때문에 '고수'라는 말을 썼음)는 표현된 말의 내용만을 읽었지, 누가 어떤 상황에서 어떤 마음으로 말하였는지 헤아리지 못했다. 맹자는 원망이 어진 마음에서 나온 것이라면 이를 헤아려 이해해야 한다고 보았다. 사람과 사람 사이의 소통을 가로막는 가장 큰 장벽은 눈에 보이거나 귀로 들리는 소리에 현혹되어 그 실상과 마음을 보지 못하는 데서 비롯된다.

맹자의 설득에 대해 공손추는 다음과 같이 반박한다.

"그렇다면 개풍(凱風)의 시에서는 무엇 때문에 원망하지 않았습니까?"
"개풍의 시에서는 어버이의 허물이 적은 것이고, 소변의 시에서는 어버이의 허물이 큰 것이다. 어버이의 허물이 큰데도 원망하지 않는 것은 어버이를 더욱 멀리하는 것이며 어버이의 허물이 작은데도 원망하는 것은 어버이에게 작은 일에 성을 내는 것이다. 어버이의 허물이 크다고 하여 멀리하는 것도 불효이며 작은 허물에도 성을 내는 것 또한 불효이다. 공자께서 말씀하시기를 '순임금께서는 지극한 효자이셨다. 오십에도 어버이를 그리셨다.'"

日凱風 何以不怨 日凱風 親之過小者也 小弁 親之過大者也 親之過大而不怨 是愈疏也 親之過小而怨 是不可磯也 愈疏不孝也 不可磯亦不孝也 孔子曰 舜其至孝矣 五十而慕 〈告子章句 下〉

마지막 구절 "오십에도 어버이를 그리셨다."에서 '모慕'자는 한자의 자형을 풀어 해석하면 저녁 석양을 뜻하는 '막莫'에 외로운 마음心이 결합되어 있다. 그리워하는 마음은 원망이 승화된 어진 마음을 함의한다. 사랑하는 사람을 그리는 마음도 있지만 떠나간 사람을 그리는 마음도 있다. 사랑하는 사람이 떠나간 것을 그리워하는 마음은 더욱 애잔하다. 소변의 시에는 절제된 원망의 애잔함이 담겨 있다는 것이 맹자의 해석이다.

사람과 사람 사이의 소통이나 나 자신과의 대화에 있어서 마음을 보고 이해하는 것은 소통의 알파요 오메가이다. 또한, 마음을 이해하고 마음으로 소통하는 것이 진솔한 사랑으로 나아가는 길이다.

4장

균형과 조화를 통해 변화한다

중용지도(中庸之道)

子莫執中 執中爲近之 執中無權 猶執一也 所惡執一者 爲其賊道也
擧一而廢百也

- 〈盡心章句 上〉

　　자막(子莫: 노나라의 현자)은 핵심을 보고 핵심에 집중함이 도(道)
에 가깝다. 핵심에 집중하되 변화가 없으면 오히려 어느 한 가지를
고집하는 것이 된다. 한 가지를 고집하는 것을 싫어하는 까닭은
그것이 도를 해치기 때문이며, 한 가지 일을 들어서 백 가지 일을
막아버리기 때문이다.

- 〈진심장구 상〉

People afraid of losing their truth tend to be more violent than people who are used to looking at the world from several different viewpoints. Questions you cannot answer are usually far better for you than answers you cannot question.

- 〈21 Lessons for the 21st Century〉

자신의 믿음을 잃을까 두려워하는 사람들은 여러 가지 다른 관점으로 세상을 바라보는 데 익숙한 사람들보다 폭력적이다. 당신이 답변할 수 없는 질문들이 당신이 묻지 않은 답변보다 훨씬 더 가치 있는 것이다.

- 〈21세기를 위한 21가지 논제〉

상황에 맞는 변화(時中)

　맹자의 『진심장盡心章』에는 중용中庸과 관련하여 양자揚子와 묵자墨子, 그리고 자막子莫에 대한 삶의 태도를 언급하고 있다.

　양자는 오직 자신만을 위하여 살아가는 이기주의자의 모습을 보여준다면 묵자는 천하를 이롭게 한다면 모든 것을 희생하겠다는 이타주의의 모습을 보여준다. 이에 대해 자막은 양자와 묵자의 중간에 서고자 하였다. 맹자는 중간에 서고자 하는 것이 도道에 가까우나 중간에 집착하는 것은 어느 한 가지를 고집하는 것과 같아 도를 무너트릴 수 있다고 보았다.

　자막(子莫)은 중간을 잡고 중간에 집중함이 도(道)에 가깝다. 중간에 집중하되 변화가 없으면 오히려 어느 한 가지를 고집하는 것이 된다. 한 가지를 고집하는 것을 싫어하는 까닭은 그것이 도를 해치기 때문이며, 한 가지 일을 들어서 백 가지 일을 막아버리기 때문이다.

　子莫執中 執中爲近之 執中無權 猶執一也 所惡執一者 爲其賊道也 擧一而廢百也

　〈盡心章句 上〉

여기에서 '권權'을 어떻게 해석하느냐가 매우 중요한 실마리가 된다. 권權은 주석에 따르면 저울추錘를 지칭한다. 저울추는 나침판의 지침이 방향의 중심추가 되듯이 사물의 무게 중심추가 된다. 사물의 무게 중심은 고정된 것이 아니라 사물의 모양과 형태에 따라 그 중심이 달라진다. 주석에 따르면 '집중執中'과 '시중時中'이 구분된다. 맹자는 집중이 아닌 시중의 태도를 강조한다. 집중이 가운데를 고집하는 경직된 태도라면 시중은 상황에 맞는 무게 중심을 잡을 수 있는 유연성(resilience)을 의미한다. 삶의 핵심은 고정 개념이 아니라 시대의 정신을 읽을 수 있는 지혜의 눈으로 탐색하여 찾아내야 한다. 고정 개념이 아니라 변화를 수용하는 자세이다.

맹자는 제대로 된 중용의 자세가 집중執中이 아닌 시중時中에 있다고 보았다. 양자의 자애설과 묵자의 겸애설이 비판되지만 버리는 것이 아니라 이 양자의 조화를 지향한다. 그 조화의 중심점을 찾기 위한 수단과 노력이 '권權'이다. 권은 저울추이면서 동시에 그 상황과 위치에 맞는 품격을 의미하기도 한다. '권위적'이라는 말은 경직된 태도를 의미하여 지양되어야 하지만 '권위' 그 자체는 위치에 맞는 품격을 의미하며 중시되어야 한다. 지도자가 지도자의 위치에 맞는 품격을 상실한다면 그의 지도력(leadership)은 그 빛을 잃어버린다. 권위는 변화를 거부하는 것이 아니라 시대정신에 맞는 변화와 혁신을 주체적으로 이루어 나가는 데서 얻어지는 역동성이다.

자기 긍정의 자세

맹자가 제나라에서 뜻을 얻지 못하고 떠날 때 충우充虞가 길에서 맹자의 얼굴빛이 어두운 것 같아 맹자에게 묻는다. "예전에 선생님께서 하늘을 원망하지 말고 남을 탓하지 말라고 하셨는데 어찌 된 일입니까?" 맹자가 답하기를 예전에도 한 시기이고 지금도 한 시기인 것이다. 긴 안목에서 보면 오백 년이면 반드시 왕이 일어나고 그동안에는 반드시 세상에 명망 있는 인사가 나오기 마련이라고 말한다. 그러면서 주周나라가 흥성한 이래로 7백여 년이 되었으니, 햇수로 따지면 이미 왕이 일어날 시기가 지났으며 그 시기를 가지고 생각하면 왕이 일어날 수 있게 되어 있다고 말하면서 다음과 같이 말한다.

하늘이 아직도 천하를 태평하게 다스리고자 않는 것이니 만일 천하를 태평하게 다스리고자 한다면 오늘날 세상에서 나를 버리고 또 누가 있겠는가? 모든 것이 다 천명인데 내가 무엇 때문에 유쾌하지 않으랴?

夫天未欲平治天下也 如欲平治天下 當今之世舍我誰也 吾何爲不豫哉 〈公孫 丑章句 下〉

"만일 천하를 태평하게 다스리고자 한다면 오늘날 나를 버리고 또 누가 있겠는가?"라고 말하는 맹자의 태도는 자기 긍정의 자세를 넘어 교만해 보이기까지 한다. 맹자는 늘 쓰임을 위해 준비해 온 사람이었고 그를 따르는 사람이나 제자에게는 희망의 메시지를 주어야 하는 입장이다. 제자인 충우에게 희망의 메시지로 설득하기 위하여 맹자가 가져온 이야기(story)가 '하늘天'이고 '천명天命'이다. 작금의 현실에 매몰되어 희망을 포기할 것이 아니라 미래를 위해 당당하게 나아가자는 뜻이다. 그렇다면 맹자의 이 자신감은 어디에서 나오는 것인가?

그것은 맹자가 갖는 긍정적 세계관에 대한 확신이다. 성선설을 주장했던 맹자의 논리는 인간의 성性이 경험 이전에 생득적으로 주어진 천명과 같은 것이라 보았다. '인仁'과 '의義'가 씨앗과 같이 가능성으로 주어졌기에 우리는 학습과 실천을 통하여 인과 의를 구현한다. 맹자가 보았던 세계관 또한 인의仁義가 구현되는 세계이어야 한다는 것이고 맹자의 왕도정치는 맹자의 세계관이 반영된 정치이념이다. 맹자의 인간관과 세계관은 사실(facts)이거나 실재(reality)는 아니다. 엄밀히 말하면 신념(belief)인데 그 신념을 뒷받침하는 세계관은 허구(fiction)에 가깝다. 왜냐하면, 성악설을 주장하는 이들도 그들의 논리와 증거를 제시하기 때문이다. 허구가 믿음이 되는 데는 경험과 실천이 요구된다. 예수 그리스도의 이야기는 신화에 가깝다. 그러나 오랜 기독교의 역사는 그 희생의 경험과 실천을 통하여 믿음의 세계를 구축하였다. 한국의 불교는 이차돈의 순교가 믿음의 세계를 구축하는 한 기둥이 되었다.

인간의 공동체를 형성하는 역사(history)에는 사실만 존재하는 것이 아니다. 건국 신화가 있고, 사실에 덧칠이 칠해진 허구적 이야기도 존재한다. 개인이든 공동체든 협력을 위해 사실과 허구가 조화를 이루어야 한다.

교만이 남에게 자랑하는 허세가 앞서는 것이라면 자긍심이란 궁극적으로 남이 아닌 자신을 대하는 당당한 태도이다. 교만이 허구가 심한 영역이라면 자긍심은 자신에게 솔직한 태도를 기반으로 한다. 자신에 대한 솔직한 태도는 실재(reality)를 요구하고 진정한 자긍심은 실천과 희생이 전제된다. 개인이든 공동체든 희생과 실천이 없는 자긍심은 허망한 공염불에 불과하다.

중용의 길

맹자는 공손추와의 대화를 통하여 삶을 살아가는 세 가지 태도에 대해 말한다. 그들의 담화에는 세 인물이 등장한다. 백이伯夷와 이윤伊尹과 공자孔子를 대비하여 예를 들어 설명하고 있다.

백이는 맹자의 말을 빌리면 그가 임금이 아니면 섬기지 않았고 백성이 아니면 부리지 않았으며 세상에 질서가 있을 때는 나오고 난세에는 물러서 은거하였다. 백이는 깨끗한 사람으로서 더러운 곳에 나아가거나 섞이지 않는 사람이었다. 반면에 이윤은 임금이 부족하더라도 섬겼고 백성이 아니더라도 부렸으며 세상에 질서가 있을 때도 나오고 어지러울 때도 세상에 나왔다. 이윤은 개방적인 사람으로서 적극적으로 현실 정치에 참여하였다. 백이가 상대적으로 배타적이라면 이윤은 포용적이다.

이와 비교할 때 공자는 벼슬할 만하면 벼슬하고 그만두어야 할 때 그만두고 오래 머물러야 할 때 머무르고 서둘러야 할 때 서두르는 사람이다. 맹자는 이 세 사람 중에 공자를 따르고 싶다고 말했다. 공자는 그 자신의 말로 표현하면 '시중時中'의 길을 선택했다.

배타적인 것도 포용적인 것도 아닌 제삼의 길을 택했다. 공자는 세상의 흐름과 시대의 정신을 보고 나아가야 할 때와 물러나야 할 때를 결정하는 것이 현자의 길이라 보았다. 공자가 보았던 중용의 길은 정도程度의 문제가 아니라 삶의 핵심과 시대의 중심을 보고 나아가거나 물러서야 한다는 것을 의미한다. 지적인 측면에서 본다면 더 높이 나는 새가 볼 수 있는 안목이다. 핵심을 본다는 것은 전체를 보고 판단한다는 말과 다르지 않다. 핵심은 삼각형의 무게 중심과 같이 전체의 균형점이다. 공자의 삶을 대하는 태도는 전체의 균형과 조화에 있었고 나아갈 때와 물러날 때를 판단하는 것도 자신의 아집에서 벗어나야 한다고 보았다.

맹자는 삶을 살아가는 태도와 관련하여 백이伯夷와 유하혜柳下惠를 견주어 설명한다. 여기에서 맹자가 백이와 유하혜를 대비한 것은 앞에서 비교한 백이와 이윤의 비교와는 다른 시각에서 설명한다.

유하혜는 부족한 임금을 부끄럽게 생각하지 않았으며 작은 벼슬도 하찮게 여기지 않았다. 벼슬자리에 나가서는 그 우수한 면을 숨기지 않고 반드시 정당한 방법으로 일하였다. 버려져도 원망하지 않았으며 곤궁한 지경에 이르러도 근심하지 않았다. 그러므로 '너는 너고 나는 난데 비록 내 곁에서 몸을 벗고 있은들 네가 나를 어떻게 더럽힐 수 있겠는가'라고 말했던 것이다. 그래서 태연자약하게 그들과 함께 있으면서도 스스로 몸가짐을 잃지 않았다. 벼슬을 버리고 떠나려 했을 때 만류하여 머무르게 되었다. 만류하여 가지 않고 머무르게 된 것은 이 또한 가는 것을 답답하게 여기지 않았기 때문이다.

柳下惠 不羞汙君 不卑小官 進不隱賢 必以其道 遺佚而不怨 阨窮而不憫 故曰爾

爲爾 我爲我 雖袒裼裸裎於我側 爾焉能浼我哉 故由由然與之偕而不自失焉 援而止

之而止 援而止之而止者 是亦不屑去已 〈公孫丑章句 上〉

맹자는 백이가 편협하고 위에 인용된 유하혜는 겸손하지 않으므
로 중용의 길이 아니라고 보았다. 그러나 유하혜가 함께하되 자신
의 정체성을 잃지 않고 올바른 도道로서 현실에 참여하는 태도는
오늘을 살아가는 우리들의 삶의 태도로 시사점이 크다. 유하혜는
개인의 가치와 판단을 소중히 하였고 현실 참여에 적극적이었다.
유하혜에게 거만하다든지 예의가 없다든지 경건하지 못하다고 평
하는 것은 오늘날의 관점에서는 잘못된 편견에 가깝다. 오히려 오
늘날의 자유민주체제에서는 적극적으로 함께 하면서도 자신의 정
체성과 가치를 지킬 줄 아는 사람이 요청되는 시대이다.

본질과 실상을 보면서
앞으로 나아가라

맹자의 기록에 따르면 공자가 동산에 올라 바라보니 노나라가 작게 보이고 태산에 올라 바라보니 천하가 작게 보인다고 말했다. 위치에 따라 실상이 다르게 보임을 말하고 있다. 그러면서 바다에 있는 자가 물의 입장이 되기 어렵고 성인의 무리에서 놀던 자를 함부로 말하기 어렵다고 보았다. 이는 공감과 소통이 이루어지려면 입장을 바꾸어 보아야 함을 뜻한다. 또한, 본질과 실상을 보려면 물의 흐름을 읽어야 하고 빛이 비추는 것을 보아야 한다.

물을 관찰함에 방법이 있나니 반드시 그 물결을 보라. 해와 달이 빛이 있나니 빛을 머금고 있으므로 반드시 비추는 것이 있다.

觀水有術 必觀其瀾 日月有明 容光必照焉 〈盡心章句 上〉

주석에 따르면 위의 말은 도道의 본질이 있음을 말하는 것이라 보았다. 물의 완급, 즉 물결을 관찰함은 그 진원지를 알기 위함이고 해와 달이 비추는 것을 관찰하는 것도 사물의 실상을 보기 위함이다.

맹자가 말한 본질은 판단의 기준과 방향성의 근원을 의미한다. 맹자의 말을 빌리면 아침에 닭이 울면 일어나 열심히 활동하는 것은 순舜의 무리나 도적의 무리나 같다고 말한다. 그들을 판단하는 기준은 방향성으로 그들 행동이 자신의 이익利만을 추구하는 것이냐 아니면 선善을 추구하느냐에 달려 있다고 보았다.

> 순과 도적의 무리를 구분하는 것을 알고자 하면 다른 것이 없다. 이(利)와 선(善)
> 의 차이가 있을 뿐이다.
>
> 欲知舜與蹠之分 無他 利與善之間也 〈盡心章句 上〉

다른 하나는 중용의 자세로 유가의 중용은 적당한 가운데가 아니라 사물의 본질을 나타내는 핵심을 의미한다. 전체를 대신하고 가릴 수 있는 무게 중심을 의미한다. 맹자는 노나라의 현신賢臣인 자막子莫을 인용하여 양자의 이기주의와 묵자의 지나친 이타주의를 경계하면서 중용의 자세를 강조한다.

> 자막은 핵심을 보고 핵심에 집중함이 도에 가깝다. 핵심에 집중하되 저울이 없
> 으면 오히려 어느 한 가지를 고집하는 것이 된다. 한 가지를 고집하는 것을 미워하
> 는 까닭은 그것이 도를 해치기 때문이며, 한 가지 일을 들어서 백 가지 일을 막아
> 버리기 때문이다.
>
> 子莫執中 執中爲近之 執中無權 猶執一也 所惡執一者 爲其賊道也 擧一而廢百也
> 〈盡心章句 上〉

맹자가 강조한 중용은 한 가지를 고집하는 고집불통을 의미하지 않는다. 핵심을 파악하되 추가 없으면 또 다른 독단에 빠질 수 있음을 경계하고 있다. 맹자의 중용은 이른바 '시중時中'을 의미한다. 다른 말로 번역하면 시대의 흐름을 읽고 그 핵심을 파악해야 한다. 선입관이나 주위의 편견에 휘둘림이 없이 핵심을 파악하는 데는 공정한 척도가 요구된다. 맹자의 '권權'은 과학적인 데이터에 입각한 판단의 척도를 뜻한다.

맹자가 중용의 자세로서 강조점을 둔 다른 한 요소는 마음의 평정이다. 마음이 외부의 유혹과 욕심에 매여 있게 되면 마음의 중심점을 잡기 힘들다고 보았다.

> 사람이 배고픔과 목마름 때문에 마음에 해가 되게 하지 않게 할 수 있으면 남만 못한 것을 근심하지 않는다.
>
> 人能無以饑渴之害爲心害 則不及人 不爲憂矣 〈盡心章句 上〉

맹자는 중용의 자세로 사물의 본질을 꿰뚫어 보면서 바른 길로 나아가되 끊임없이 도전하고 경험을 축적해야 한다고 주장한다.

> 흐르는 물이 목적을 이루는 것은 웅덩이를 채우지 못하면 앞으로 나아가지 못한다. 군자가 도에 뜻을 둠에 경험을 축적시키지 못하면 성취하지 못한다.
>
> 流水之爲物也 不盈科不行 君子之志於道也 不成章 不達 〈盡心章句 上〉

말콤 글래드웰은 『아웃라이어』에서 천재는 타고난 것이 아니라 10,000시간의 훈련과 경험을 축적시켜 나가야 한다고 주장한다. 대중 음악계의 비틀즈와 컴퓨터 프로그래머 빌 게이츠가 비교적 이른 시기에 높은 성취를 보여주었던 것은 그들이 남보다 먼저 음악과 컴퓨터를 시작하여 필요한 경험을 쌓았기에 가능한 결과라고 보았다. 우리의 역량은 학습능력처럼 일정 시간의 노력이 축적되어야 한 단계 올라갈 수 있다. 맹자의 표현을 빌리면 웅덩이를 채우는 난관을 극복해야 다음 단계로 나아갈 수 있다. 여기에서의 '장章'은 경험이 축적되어 밖으로 나타나는 것으로 우리의 도전과 경험이 일정 수준에 도달하면 그것이 밖으로 표현되어 서로 소통이 가능하게 됨을 뜻한다.

환오(驩娛)와 호호(皞皞)

맹자의 진심편에 보면 패도와 왕도를 비교하면서 패자의 백성은 환오歡娛하지만 왕자의 백성은 호호皞皞하다고 말한다. 정자程子의 주석에 따르면 '환오'는 인위적이어서 오래 가지 못하지만 '호호'는 하늘이 스스로 그러한 것과 같이 자연스럽게 얻어진 기쁨이라 말한다. 호호는 넓고 커서 스스로 즐거움을 얻게 된다고 보았다. 힘으로 얻어지는 기쁨은 도를 거스르고 자존감에 상처를 줄 수 있으므로 오래가지 못한다고 보았다. 그러나 왕도로 다스리는 정치는 백성들이 날로 선하게 변화되어도 이를 인식하지 못한다. 마치 도가의 무위자연의 경지를 말하는 것과 같다. 그러나 맹자의 왕도는 자연스런 조화와 균형의 실천을 통해 자유의 경지에 이르는 것을 의미한다.

무릇 군자는 지나온 길이 조화를 이루고 머무르는 곳에는 마음을 다하니 위와 아래가 천지와 더불어 흐르니 어찌 인색하게 살핀다고 할 수 있겠는가?

夫君子 所過者化 所存者神 上下與天地同流 豈曰小補之哉 〈盡心章句 上〉

국민의 뜻에 따라 버릴 것을 버리더라도 이것을 버린다는 마음이 없으니 원망이 없고, 국민에게 이로운 바를 따라 이득을 내고 이를 자기가 쓰고자 하는 마음이 없는 것을 이른다. 가만히 있는 것이 아니라 버릴 것은 버리고 이득을 내되 국민에게 돌아가게 하는 것이 왕도의 기본이다. 그 타고난 성性의 흐름을 스스로 얻음으로 국민이 날로 선하게 되더라도 누가 한 것인지 알지 못한다. 도가의 무위無爲가 아니라 맹자는 마음의 흐름을 읽고 그 흐름에 맞추어 자연스러운 조화를 이루어야 한다고 보았다. 무위가 아닌 지혜의 길을 가라고 말한다.

맹자는 왕도의 기본이 선정이 아니라 선교라고 보았다.

선한 정치는 선한 가르침으로 백성을 얻는 것만 못하다.

善政 不如善敎之得民也 〈盡心章句 上〉

여기에서 정치는 법과 제도와 금령으로 하는 것을 의미하고 가르침은 도덕과 절제와 예절로서 가지런히 함을 의미한다. 정치가 내 마음 밖의 수단을 사용하여 통제하는 것이라면 가르침은 마음 그 자체를 가지런히 하는 것이다. 맹자는 어진 말보다 어진 소리가 사람의 마음 깊이 들어가는 것이 더 좋다고 보았다. 어진 소리는 좋은 생각의 결실을 의미한다. 이는 좋은 말을 하는 것보다도 좋은 생각의 결실인 행동을 보여주어야 함을 뜻한다. 이는 민중이 도라고 부르는 것을 행하는 것이고 어진 마음仁德이 비치어 드러나는

것이다. 맹자는 어진 말이 아니라 실천이 사람의 마음을 움직인다
고 보았다.

선정善政은 법령으로 다스리므로 국민이 이를 두려워하고 선교善
敎는 예절로서 가르치므로 국민이 이를 사랑한다. 또한, 선교는 말
보다는 실천과 행동을 통하여 이루어져 사람에게 감동을 주어야
한다.

몸과 마음이 함께 가야 한다

이승에서의 삶은 몸과 마음이 함께 가야 행복하다. 세상은 눈에 보이는 것과 보이지 않는 것의 만남이다. 나에게 있는 것도 눈에 보이는 몸과 눈에 보이지 않는 마음의 합작품이다. 맹자의 이루편 離婁篇에 보면 '반신불성反身不誠'이란 표현이 있다.

> 부모님을 기쁘게 함에 도(道)가 있나니 몸에 거슬러 진실하지 않으면 부모님을 기쁘게 하지 못한다. 몸을 진실하게 함에 도(道)가 있나니 선(善)을 밝히 보지 못하면 그 몸을 진실하게 하지 못한다.
>
> 悅親有道 反身不誠不悅於親矣 誠身有道 不明乎善不誠其身矣 〈離婁章句 上〉

여기에서 '반신불성'이란 말은 진솔한 마음이 담겨 있지 않으면 몸으로 표현되는 것, 눈에 보이는 것이 결실이 없고 남의 마음을 움직일 수 없음을 의미한다. 주석에 따르면 성誠이 결실을 의미하므로 '반신反身'은 결실이 없는 행동으로 몸과 마음이 따로 가는 경우를 뜻한다. 그러나 '성신誠身'은 진솔한 마음이 담긴 자유로운 표현을 뜻한다. 주석에 따르면 '성신'은 '불명호선不明乎善'이 아닌 '명호선明乎善'이 전제되어야 함을 시사한다. 명호선은 '선善'을 환하게 보는 것 또는 분명히 보는 것을 의미한다. 일을 추진함에 있어 합리적 사유를 실천하여 '선'이 있는 것을 진실로 아는 것을 의미한다. '성誠'은 '이理'가 나에게 있어 모두가 진실하여 거짓이 없는 것을 의미한다. 따라서 성신은 내 몸가짐이 합당하여 그 아름다움을 내 마음의 거울로 보는 것을 뜻한다. 우리가 내면의 아름다움을 가꾸어 나갈 때 제대로 된 '선'을 볼 수 있다.

군자는 위인지학爲人之學이 아닌 위기지학爲己之學을 지향한다. 진정한 의미의 학문은 자신의 진정한 '선善'을 목표로 하는 것이지 남에게 보이기 위한 작위적인 '선'을 목표로 하는 것이 아니다. 위기지학이 지향하는 선은 천명을 구현하는 것을 의미하며 자신의 궁극적인 자유와 구원을 향해 나아간다. 진정한 의미의 위인지학은 위기지학이 전제되어야 한다. 위기지학이 전제되지 않은 위인지학은 위선僞善이 될 가능성이 크다. 몸 따로 마음 따로 가면 위선이다. 몸과 마음이 함께 자연스럽게 조화를 이룰 때 그것이 참된 선이다. 남의 눈에만 보이고 내 눈에는 보이지 않으면 위선이다. 남의 눈에 보이지 않더라도 참된 나의 마음 거울에 비치면 선이다. 바른 마음, 즉 이理의 거울에 비추어 본 나의 행동이 선이면 그것은 참된 아름다움이며 진실이다.

스스로를 버리는 자, 즉 자기자自棄者는 내 몸이 인仁에 머물지 않고 의義에 기초하지 않음을 뜻한다. 맹자는 인을 사람이 머무는 편안한 집으로 비유했고 의는 사람이 가야 할 바른길로 비유하였다.

내 몸이 인에 살지 못하고 의로 말미암지 못함을 스스로 버린다고 말한다. 인은 사람이 머무르는 편안한 집이고 의는 사람이 가야 할 바른길이다. 편안한 집을 비우고 머물지 않으며 바른길을 버리고 벗어나 있으니 슬프도다.

吾身不能居仁由義謂之自棄也 仁人之安宅也 義人之正路也 曠安宅而不居 舍正路而不由 哀哉〈離婁章句 上〉

맹자가 본 인仁과 의義는 천명이고 천리이며 천성이다. 따라서 사람이 인으로 돌아가는 것을 물이 아래로 흘러가는 것과 짐승이 너른 들판을 달리는 것과 같다고 보았다. 천명과 천리와 천성은 사람의 마음으로 귀결된다. 그러므로 맹자는 사람의 마음을 얻는 것이 천하를 얻는 길이라고 보았다.

천하를 얻음에 도가 있나니 그 백성을 얻으면 이것이 천하를 얻는 것이다. 그 백성을 얻음에 도가 있나니 그 마음을 얻으면 이것이 백성을 얻는 것이다. 그 마음을 얻음에 도가 있나니 바라는 바를 더불어 취하며 싫어하는 것을 행하지 말라.

得天下有道得其民斯得天下矣 得其民有道得其心斯得民矣 得其心有道所欲與之聚之所惡勿施爾也〈離婁章句 上〉

여기에서 중요한 것은 사람의 마음을 얻으려면 바라는 것과 꿈꾸는 것을 함께 해야 한다는 것이다. 오늘날의 말로 고치면 비전을 공유해야 한다는 말이다. 또한 민중이 원하지 않는 것은 정책을 무리하게 추진해서는 안 된다는 뜻도 지니고 있다. 어진 정치는 민중의 마음이 어디로 흐르는지 보아야 하며 그 물이 잘 흐르도록 물길을 터 주어야 한다. 인은 마음의 흐름을 의미하며 어진 정치를 펼치기 위해 마음을 읽고 준비하는 자세가 필요하다.

> 오늘날 왕 되고자 하는 자는 7년 치료를 요하는 병에 3년 뜸 치료를 처방하는 것과 같다. 진실로 쌓아가지 않으면 몸이 다할 때까지 얻지 못한다. 진실로 인에 뜻을 두지 않으면 몸이 다할 때까지 근심하고 욕되어 사망에 이르게 된다.
>
> 今之欲王者 猶七年之病 求三年之艾也 苟爲不畜終身不得 求不志於仁 終身憂辱 以陷於死亡 〈離婁章句 上〉

　어진 마음이 인간의 본성이라 하더라도 이를 준비하고 덕을 쌓아야 자신의 위치에 합당한 어진 마음을 갖출 수 있다고 보았다. 개인이든 사회이든 선한 마음을 가리는 병리 현상이 나타난다면 이를 극복할 수 있는 건강한 처방과 면역력을 기르는 것이 필요하다. 특히 병마를 극복할 수 있는 자생적인 면역능력은 오랜 시간의 노력과 축적을 요구한다. 사람의 마음을 얻는 한 가지가 앞에서 말한 비전을 공유하는 것이라면 다른 한 가지는 정성을 다하는 것이다. 한국인들이 갖고 있는 '지성至誠이면 감천感天'이란 말은 유학을 배경으로 하는 믿음이라 볼 수 있다.

지극한 정성을 기울였는데 움직이지 않는 것은 없다. 정성을 기울이지 않으면 움직일 수 있는 것이 없다.

至誠而不動者未之有也 不誠未有能動者也 〈離婁章句 上〉

감성과 이성의 통합과 조화

미지의 영역에 있었던 사람의 뇌에 대한 구조가 밝혀지면서 뇌가 3중구조로 이루어져 있음을 알게 되었다. 생명의 유지에 필요한 호흡과 순환 등의 기능은 뇌간에서, 사회적 활동과 관련된 감성의 조절은 변연계에서, 사유 활동 즉 이성의 영역은 대뇌피질에서 관장하는 것으로 알려져 있다.

오늘날의 과학지식은 없었지만, 전국시대를 살았던 사람들도 감성과 이성이 서로 동떨어져 작용하는 것이 아니라 서로 연관되어 있음을 설명하지는 못하나 느끼거나 인식하고 있었던 것 같다. 이른바 맹자의 사단론은 인간본성을 선한 것으로 보는 성선설을 기반으로 하고 있지만 그 단서는 우리의 감성에서 찾고 있다.

맹자의 설명에 따르면 사람에겐 사람과 관련하여 참지 못하는 마음이 있는데 그것의 존재 이유로 우리가 공감할 수 있는 감성적 근거를 제시한다. 사람에게 어진 마음이 있다고 하는 것은 어린아이가 지금 막 우물에 들어가려 한다면 모두가 이 어린아이를 구하려는 마음이 작동한다. 이같이 어린아이의 죽음을 두려워하고 측은히 여기게 되는 것이 사람의 마음이라고 보았다. 이와 같은 측은지심은 어린아이의 부모와 교류가 있었기 때문도 아니고 동네 사람들과 친구들로부터 칭찬을 받기 위함도 아니라고 보았다. 따라서 어진 마음은 측은한 마음과 통합되고 이 이성과 감성의 통합체인 인仁은 인간이 갖는 본성本性이라 설명한다.

맹자의 사단四端에 관한 설명을 주목하면 이성적인 요소와 감성적인 요소가 함께 어우러져 있어 그 설득력을 높이고 있다. 인仁과 측은지심惻隱之心, 의義와 수오지심羞惡之心, 예禮와 사양지심辭讓之心, 지知와 시비지심是非之心을 통합시키고 있다. 인仁이란 가치와 사유는 측은지심의 정서와 연계해야 온전한 실천으로 구현될 수 있다. 따뜻한 감성이 함께 하지 않는 사랑이란 팥소가 없는 찐빵처럼 불완전한 것이다. 감성적 영역이 이성적 영역과 분리되는 것이 아니라 서로 통합되고 조화를 이룰 때 우리는 온전한 인성과 인격을 형성할 수 있다. 감성은 이성에 동기와 에너지를 부여하는 추진력이 된다. 또한, 감성은 합리적 사유와 이성에 의해 절제되어야 한다. 감성이 절제되지 않을 때 사회적 갈등과 문제는 해결되지 않고 더욱 복잡하게 얽히게 된다. 따라서 감성과 이성은 서로 적절히 통합되고 조화를 이루어야 한다. 이는 우리의 몸과 마음이 서로 연계되고 조화를 이루어야 하는 것과 같다.

맹자는 이 사단의 기본 성정性情을 확장하고 충실히 하면 샘물이 바다를 이루듯 세상을 경영할 수 있다고 보았다.

무릇 나에게 사단이 있음을 알고 이를 확충시키면 불이 시작되어 번져 나가듯이 하며, 샘이 솟아 흐르듯 한다. 진실로 이를 충실히 실천하면 사해를 보존할 것이다. 이를 확충시키지 못하면 부모를 섬기기에도 부족하다.

凡有四端於我者 知皆擴而充之矣 若火之始然 泉之始達 苟能充之 足以保四海 苟不充之 不足以事父母 〈公孫丑章句 上〉

유하혜(柳下惠), 자유인의 처세술

맹자의 공손추장구公孫丑章句에 백이伯夷와 유하혜柳下惠의 삶을
견주어서 말하고 있다. 백이는 임금이 임금답지 않으면 섬기지 않
았고 친구가 친구답지 않으면 벗하지 않았다. 악인의 조정에 서지
않았고 악인과 더불어 말하지 않았다. 악인의 조정에 서서 악인과
더불어 이야기하는 것을 예복과 예관을 갖추어 입고 진흙 구덩이
에 앉아 있는 것과 같이 여겼다. 향리 사람들과 함께 서 있을 때
그들이 쓰고 있는 관이 바르지 않으면 뒤도 돌아보지 않고 가버린
것은 그것으로 해서 마치 자기 몸이 더럽혀질 것처럼 생각했다. 그
렇기 때문에 제후들 가운데서 비록 정중히 임명장을 보내는 이가
있어도 받아들이지 않으니 이 또한 나아가는 것을 깨끗하게 여기
지 않은 것이다.

맹자의 백이에 대한 인물평은 '애隘하다'라는 것인데 주석에 따르
면 마음이 협착狹窄하다는 의미이다. 한마디로 속이 좁은 사람이
라는 것이다. 자기가 깨끗하기 위하여 더러운 곳에 나가지 않고 내
손을 더럽히지 않겠다는 삶의 자세이다. 이와 같은 사람은 홀로 청

청할 수 있지만 험난한 세상에서 남과 어울리기 어려운 사람이다. 현실이 맑고 깨끗하다면 좋겠지만 우리가 살고 있는 세상은 진공 상태와 같이 깨끗할 수는 없다. 요약하면 백이의 처세술은 도덕적으로 깨끗한 것처럼 보이나 비현실적이어서 실현 가능성이 없다.

반면에 유하혜는 보잘것없는 임금을 부끄럽게 생각하지 않았으며 작은 벼슬도 하찮게 여기지 않았다. 벼슬자리에 나아가서는 자신의 우수한 면을 숨기지 않고 반드시 정당한 방법으로 일을 하였다. 버려져도 원망하지 않았으며 곤궁한 지경에 이르러도 근심하지 않았다. "너는 너고 나는 난데 비록 내 곁에서 몸을 벌거벗고 있은들 네가 나를 어떻게 더럽힐 수 있겠는가?"라고 말했던 것이다. 그래서 태연자약하게 그들과 함께 있으면서도 스스로 바른 몸가짐을 잃지 않았다. 벼슬을 버리고 떠나가려 했을 때 이끌어서 만류하는 자가 있으면 머물러 있었다. 이끌어 만류한다고 해서 머물러 있는 것은 떠나가는 것을 깨끗한 것으로 여기지 않았기 때문이다.

맹자의 유하혜에 대한 인물평은 '불공不恭하다'라는 것이다. 주석은 불공이 단순하고 오만하다는 의미라고 보고 있다. 그러나 유하혜의 장점은 현실을 있는 그대로 수용하고 그 안에서 자기를 숨기지 않고 현실을 바꾸어 갔다는 데 있다. 맹자의 시대에는 불공하고 오만한 삶의 태도로 보일 수 있지만, 오늘날에는 자유인의 처세술로서 유하혜의 삶의 태도는 시사하는 점이 많다. 무엇보다도 당당하게 현실에 참여하는 태도이다. 현실에 참여하여 자신의 의견과 실력을 숨기지 않고 표현했고 반드시 정당한 절차와 방법을 지키려 했다는 것이다. 작은 일이든 큰일이든 자신의 능력을 발휘하여 사회에 참여하고 사회 변화와 발전에 기여하는 자세이다. 독야청청獨也靑靑이 아니라 함께 하면서도 자신을 잃지 않는 태도이다. 자유인은 세상에 자유롭게 참여하면서도 자신에 부끄럽지 않게 살아가는 사람이다. 자신에게 당당하고 의연하게 살아가는 사람은 자신의 책임을 다하는 사람이고 진정한 자유인이다. 현대의 자유인이 세상을 대하는 자세로서 부족함이 없다.

> 그러므로 "너는 너이고 나는 나인데 내 곁에서 옷을 벗어 어깨를 들어낸다고 네가 어찌 나를 더럽힐 수 있는가?" 그러므로 태연자약하게 함께하더라도 잃을 것이 없다.
> 故曰 爾爲爾 我爲我 雖袒裼裸裎於我側 爾焉能浼我哉 故由由然與之皆而不自失焉 〈公孫丑章句 上〉

유하혜의 외물에 대한 당당한 태도는 오만이 아니라 자신의 실력과 마음을 믿을 수 있을 때만 가능한 자유인의 몸짓이다. 자유인은 자유에 따르는 책임을 감당할 수 있는 능력과 용기를 준비해야 한다.

조화의 도, 성인의 길

맹자는 백이伯夷와 이윤伊尹과 유하혜柳下惠의 이야기를 통해서 성인의 길을 보여준다. 그러나 그 성인의 길은 어느 하나를 지향하지 않는다.

먼저 백이는 청렴淸廉의 상징이다. 백이는 깨끗하지 못한 색色과 소리聲를 보거나 듣지 않았다. 난세의 시대에는 물러나 있었고 제대로 된 시대에는 벼슬길에 올랐다. 잘못된 정치를 행하는 사람과 예의를 모르는 사람들과는 어울리지 않았다. 염치를 모르는 사람들과 어울리는 것을 의관을 갖추어 입고 진흙탕에 앉아 있는 것과 같이 여겼다. 폭정이 행해지던 주紂임금 때에는 북해의 바닷가에서 살면서 천하가 맑아지기를 기다렸다. 따라서 백이의 이야기(story)를 듣는 사람은 어리석은 사람이 부끄러워하고 젊은 사람이 뜻을 세웠다.

이윤은 책임의 상징이다. 이윤은 천하가 잘 다스려질 때도 나아가서 벼슬하고 어지러워져도 나아가서 벼슬하여 정치에 참여하였다. 이윤은 "하늘이 이 백성을 내실 때 선지先知로 하여금 후지後知

를 깨우치고, 선각先覺으로 하여금 후각後覺을 깨우치게 하였다. 나는 하늘이 낸 백성의 선각자이다. 나는 인의仁義의 도로서 이 백성을 깨우치겠다."라고 말하였다. 이윤은 천하의 백성들 가운데서 한 지아비와 한 지어미라도 요순의 혜택을 입지 못한 자가 있으면 마치 자기가 구렁텅이 속으로 밀어 넣은 것과 같이 생각하였으니 천하의 중대한 책임을 자신의 임무로 하였다.

유하혜는 화합和合의 상징이다. 유하혜는 보잘것없는 비열한 임금을 부끄러워하지 않았고 낮은 벼슬도 사양하지 않았다. 어진 재능을 숨기지 않고 반드시 그 도로써 하며, 도가 행해지지 않고 몸이 버림을 받아도 원망치 않으며 곤궁한 처지에 놓여도 근심하지 않았다. 도리를 모르는 향리 사람들과 함께 있어도 유연하게 어울려 떠나지 않았다. "너는 너고 나는 나다. 비록 나의 곁에서 몸을 벌거벗은들 네가 어찌 나를 더럽힐 수 있으랴" 하였다. 그렇기 때문에 유하혜의 이야기를 들은 사람은 도량이 적은 사람도 도량이 넓어지고, 박한 사람도 후해지는 것이다.

이 세 인물의 이야기는 요순시대를 빌어 유가儒家에서 이상적인 인물상을 그려 본 것이다. 그러나 맹자가 보았던 이상적인 군자의 모습은 이 세 인물이 상징하는 가치의 조화를 강조한다. 백이는 청렴하지만 책임과 화합의 측면에서는 문제점이 있다. 이윤은 책임감으로 그의 열정을 다하나 청렴과 화합의 가치와 배치될 수 있다. 또한, 유하혜의 화합의 가치는 갈등을 풀어나가는 주요한 자산이지만 청렴과 책임의 가치와 충돌할 수 있다.

맹자는 백이가 성인 가운데서 맑은 자이며, 이윤은 성인 가운데서 책임을 지는 자이고, 유하혜는 성인 가운데서 화합하는 자라고 하면서 공자를 성인 가운데 시의時宜에 맞는 자라고 보았다.

공자께서 제나라를 떠나실 때는 미처 밥도 지을 틈이 없어서 씻은 쌀을 건져 가지고 갈 정도로 급하게 가셨는데 노나라를 떠나실 때는 '나의 가는 것이 더디기도 하다.'라고 말씀하셨으니, 그것은 부모의 나라를 떠나가는 도리인 것이다. 빨리 떠나야 할 때는 빨리 떠나고 더디 가야 할 때는 더디 가며, 머물러 있어야 할 때는 머물러 있고 벼슬을 해야 할 때는 벼슬을 하는 것이 공자이시다.

孔子之去齊 接淅而行 去魯曰 遲遲吾行也 去父母國之道也 可以速則速 可以久則久 可以處則處 可以仕則仕 孔子也 〈萬章章句 下〉

여기에서 '시의時宜'라는 말은 시대에 맞는 가치에 강조점을 둔 현명한 선택을 의미한다. 맹자는 세 성인의 이야기를 모아 하나로 집대성集大成한 사람이 공자라고 말하면서 조리條理에 맞는 음악에 비유하고 있다.

공자가 집대성했다고 말하는 것은 음악으로 비유하면 종소리(金聲)와 옥경(玉磬) 소리가 어우러져 이루어진다. 종소리(金聲)는 중음(衆音)의 합주를 인도 개시하는 것이고 옥경 소리는 중음의 합주를 완결시키는 것이다. 합주를 시작하는 것은 지혜로운 일이며 합주를 완결시키는 것은 성자의 일이다.

孔子之謂集大成 集大成也者 金聲而玉振之也 金聲也者始條理也 玉振之也者終

條里也 始條里者智之事也 終條里者聖之事也〈萬章章句 下〉

여러 악기가 어우러지는 교향악은 서로 잘 조화를 이루어야 하며 시작과 끝이 있어 시간의 흐름과 리듬에 맞는 음과 소리가 어우러져야 한다. 맹자의 말씀에 따르면 시의에 맞는 현명한 선택은 백보 밖에서 활을 쏘는 일과 같아 기교와 힘이 필요하다. 힘은 화살을 목표물에 이르게 하지만 목표물에 명중하려면 기교技巧가 필요하다.

청렴과 책임, 그리고 화합의 자세와 마음가짐을 굳건히 하는 일이 필요하다. 그러나 시대에 맞는 현명한 선택은 시대의 흐름을 읽고 그 흐름에 적중하는 기교 또한 필요하다. 달리 말하면 현명한 선택은 능력과 지혜를 요구한다. 또한, 그 능력과 지혜는 오랜 시간의 훈련과 경험을 요구한다.

성(性)과 명(命)의 균형

성性이 보편적 개념이라면 명命은 개별적 개념에 가깝다. 성이 타고난 것으로 자연의 원리에 가깝다면 명은 타고난 것이지만 개인의 분수를 지키는 개별적 원리이다. 맹자는 보편적 원리와 개별적 원리의 균형을 통해 올바른 삶의 방향을 찾으려 했다.

> 맹자께서 말씀하셨다. "입이 맛있는 음식을, 눈이 좋은 빛을, 귀가 아름다운 소리를, 코가 맛있는 냄새를, 팔다리가 편안하기를 바라는 것은 보편적이지만 제한이 있으므로 군자는 이를 본심이라 이르지 않는다.
>
> 孟子曰 口之於味也 目之於色也 耳之於聲也 鼻之於臭也 四肢之於安佚也 性也 有命焉 君子 不謂性也 〈盡心章句 下〉

주석에 따르면 맛있는 음식을 원하고 좋은 소리를 듣고 몸의 편안함을 원하는 것은 누구나 원하는 욕망이다. 그러나 그 원하는 바가 모두 같지 않으므로 사람에 따라 다르다. 어떤 사람은 맛있는 음식에는 민감하지만 화려한 색깔의 옷에는 관심이 적을 수 있다. 그러나 또 다른 사람은 음식보다는 화려한 옷을 더 중시할 수 있다. 맹자가 인용한 다섯 가지 욕망을 본심이라 부르지 않은 것은 욕망 자체는 자연스러운 것이지만 방임 상태에 놓이게 되면 제대로 이를 즐길 수 없음을 강조하기 위한 것이다. 바꾸어 말하면 이 다섯 가지 욕망은 절제를 통하여 걸러져야만 자신에 맞는 행복을 가져다준다. 이 욕망이 절제를 모르는 방향으로 흐르게 되면 즐기는 것을 넘어 파멸을 가져오기 때문이다.

반대로 맹자가 주장한 인의예지仁義禮智의 윤리적 규범들은 한계나 제한이 아닌 지속적인 권장과 노력이 요구되기 때문에 보편적 원리로 다루어진다.

> 부자 사이의 인(仁)과 군신 관계의 의(義)와 손님과 주인 사이의 예(禮) 및 현자의 지혜와 천도(天道)로서의 성인은 개별적이지만 보편성이 있으므로 군자는 이것을 운명이라 이르지 않는다.
>
> 仁之於父子也 義之於君臣也 禮之於賓主也 智之於賢者也 聖人之於天道也 命也 有性焉 君子不謂命也 〈盡心章句 下〉

주석에 따르면 선천적인 품격의 맑고 탁함과 두텁고 얇음이 서로 다르다. 그러나 도덕적 질서는 누구든 배우고 익히며 정성을 기울여야 하므로 개별적인 것보다도 보편적 원리로서 강조하고 있다.

맹자는 인간의 욕망과 도덕적 규범의 문제를 보편적인 것과 개별적인 것의 균형과 조화를 통해 풀어나가고자 하였다. 맹자는 어느 한 가지만을 선택하거나 어느 하나만을 버리는 것이 아니라 대립되는 두 요소의 균형을 통해 조화를 추구함으로써 개인의 문제뿐만 아니라 인간관계의 문제를 순리에 맞게 해결할 수 있다고 보았다.

네게 있는 것으로
너 자신을 변화시켜야 한다

성경에 달란트와 관련된 이야기가 있다. 10달란트를 받은 사람은 10달란트를 벌어 되돌려 줌으로써 하나님의 축복을 받았다. 5달란트를 받은 사람도 이를 잘 운영하여 5달란트를 되돌려 줌으로써 하나님의 축복을 받았다. 그러나 1달란트를 받은 사람은 이를 땅에 묻어 둠으로써 하나님의 벌을 받아 그 1달러까지 하나님이 빼앗아 버렸다는 비유가 있다. 이는 인간이 태어날 때 부여받은 재능을 잘 계발하라는 메시지로 읽힌다.

맹자는 아시다시피 성선설을 주장한다. 맹자는 모든 사람에게 인의예지의 도덕적 실천이 가능한 심성이 주어져 있다고 보았다. 이 주어진 심성을 행동으로 실천하는 지혜와 노력이 우리에게 주어진 과제이다. 맹자는 이를 실천하기 위해 측은지심惻隱之心과 수오지심羞惡之心의 타고난 본성을 확대하여 그렇지 않은 곳에 미칠 수 있게 해야 한다고 보았다. 예컨대 우물로 들어가려는 아이를 구하려는 불인지심不忍之心을 널리 확장시키는 것이 인仁을 실천하는 길이고, 의롭지 못한 일을 하지 않고자 하는 마음을 의로운 일을 하고자 하는 마음으로 발전시켜야 한다고 보았다. 이를 달리 말한다면 할 수 있는 일부터 시작하여 실천하기 어려운 일로 발전시켜야 한다는 논리다.

맹자께서 말씀하셨다. "사람에겐 모두가 차마 하지 못하는 바가 있는데, 이 마음을 절제하는 데까지 이르게 하는 것이 어진 마음이다. 사람에겐 누구나 하지 않는 바가 있는데, 이 마음을 할 수 있는 데로 발전시키는 것이 의로운 마음이다."

孟子曰 人皆有所不忍 達之於其所忍 仁也 人皆有所不爲 達之於其所爲 義也 〈盡心章句 下〉

맹자는 인과 불인, 의와 불의의 경계를 넘어서 긍정적 가치를 높이는 변증법적 사유의 공간을 찾고자 했다. 자신의 품격을 떨어뜨리는 행동을 용납하지 않는 자긍심을 확충하는 것이 불의를 막는 길임을 강조했고, 말을 할 때와 말을 자제할 때를 가리는 것이 말로써 불의를 행하는 것을 막는 길이라고 보았다.

사람이 남의 경멸을 당하는 일이 없는 행동을 확충시키면 무슨 일을 하든지 의롭지 않은 것이 없다. 선비가 말할 처지가 아닌데 말을 하는 것은 말을 함으로써 다른 사람의 의사를 떠보는 것이며, 말을 해야 할 처지에 말을 하지 않는 것은 말을 하지 않음으로써 다른 사람의 의사를 떠보는 것이다. 이런 것은 다 벽을 뚫고 담을 뛰어넘는 것에 속하는 종류이다.

人能充無受爾汝之實 無所牲而不爲義也 士未可以言而言 是以言餂之也 可以言

而不言 是以不言餂之也 是皆穿踰之類也 〈盡心章句 下〉

맹자가 말한 벽을 뚫고 담을 넘고자 하는 마음은 도둑과 같은 마음이다. 말을 할 때 하지 않고 남의 마음을 훔치는 것이나 말을 하지 말아야 할 때 말을 해서 남의 마음을 훔치는 것이 같은 것이라 보았다. 남의 경멸을 받을 행동을 하지 않는 당당한 행동을 확충시켜 나아가야 한다.

맹자의 논리는 관계의 논리이다. 말을 할 때와 말을 자제할 때, 자존감과 불의, 인仁과 불인의 관계가 상호 역동적임을 보인다. 지혜는 이 역동적인 관계 속에서 타고난 달란트와 본심을 끊임없이 확장시켜 나가는 것이다.

예(禮)는 지나침도 모자람도 아닌 마음의 중심점이다

극기복례克己復禮는 많은 사람에게 잘 알려진 말이다. 예禮가 저절로 이루어지는 것이 아니라 극기克己라는 절제와 인내의 과정이 요구된다는 의미를 함축한다. 또한, 극기의 대상은 다른 것이 아니라 내가 가지고 있는 욕심이라는 확대 해석도 가능하다. 그렇다면 예禮는 자연스러운 것이 아니라 거북한 것이 될 수 있다. 특히 예禮가 형식적인 것으로 발전하게 되면 더욱더 불편한 의전과 의례가 될 수 있다.

예의 올바른 이해를 위해 맹자와 제나라의 변사 순우곤淳于髡의 논쟁을 살펴본다.

순우곤이 여쭈었다. "남자와 여자가 직접 주고받지 않는 것이 예(禮)입니까?" 맹자께서 예(禮)라고 말씀하셨다. 순우곤이 물었다. "형수가 물에 빠졌다면 손으로 끌어당겨 주어야 합니까?" 맹자께서 말씀하셨다. "형수가 물에 빠졌는데 건져 주지 않는다면, 그것은 승냥이나 이리요. 남녀가 주고받지 않는 것은 예이고, 형수가 물에 빠진 것을 손으로 건져 주는 것은 권도(權道)라 한다."

淳于髡曰 男女授受不親禮也 孟子曰 禮也 曰嫂溺則援之以手乎 曰嫂溺不援 是
豺狼也 男女授受不親禮也 嫂溺援之以手者 權也〈離婁章句 上〉

　위의 대화에서 맹자가 말한 '권도權道'는 무엇을 의미하는가? 권權
은 저울추를 의미한다. 저울추는 사물의 무게를 잴 때 사용하는
도구이다. 사물의 경중을 가려 판단하는 것이 권도이다. 주석에
따르면 사물의 무게를 재어 핵심을 취하는 것이 예라고 설명한다.
예의 기본은 소중한 가치를 존중하는 것이지 형식이 아니다. 남녀
가 직접 주고받지 않는 것은 평상시의 예이고 예도 상황에 따라 당
연히 그 중심점이 바뀌어야 한다. 형수가 물에 빠져 도움을 요하
는 상황에서의 예는 먼저 형수를 구하는 것이 소중한 가치이다.
권도란 사물의 핵심이 상황에 따라 달라지는 것을 반영한다. 삼각
형과 사각형의 무게 중심은 다르다. 마찬가지로 평상시와 비상시의
사물의 중심점은 변화한다. 예의 기본은 경직된 형식이 아닌 마음
의 중심을 반영하는 자연스러운 것 또는 합리적인 것이다.
　권도權道라는 말은 상도常道와 보완관계에 있다. 남녀가 직접 주
고받지 않는 것이 상도라면 물에 빠진 형수를 구하는 것은 권도이
다. 상도 또한 정해진 고정된 형식으로만 볼 것이 아니라 시대에
따라 최적의 원리와 가치를 지니는 것으로 자연스럽게 변화한다.
긴 안목에서 보면 상도는 모자람과 지나침이 없는 조화와 균형을
유지한다.

진정한 자유는 중용의 실천이다

맹자는 공자가 지나친 행동을 하지 않았다고 말하면서 중용의
덕을 기렸다.

맹자께서 말씀하셨다. "공자는 지나친 행동을 하지 않았다."

孟子曰 仲尼不爲已甚者 〈離婁章句 下〉

공자의 중용은 이른바 지나침도 없고 모자람도 없는 핵심을 의
미한다. 맹자는 중용이 하여야 할 일과 하여서는 안 될 일의 선택
임을 말한다.

맹자께서 말씀하셨다. "사람은 하지 않는 일이 있은 뒤에라야 하는 일이 있을
수 있다."

孟子曰 人有不爲也而後 可以有爲 〈離婁章句 下〉

맹자의 이 말은 사람의 행동이 늘 상대성을 지니는 양면성이 있

음을 말하고 있다. 하여야 할 일과 하지 말아야 할 일을 함께 생각해야 하고 장점과 단점을 함께 생각해야 올바른 중심점을 찾을 수 있다는 논리이다.

> 맹자께서 말씀하셨다. "중용의 덕을 가진 사람이 중용의 덕을 지니지 못한 사람을 길러주고 재능이 있는 사람이 재능이 없는 사람을 길러준다. 그러므로 사람은 현명한 부형이 있는 것을 즐거워한다. 만일 중용의 덕을 가진 사람이 중용의 덕을 지니지 못한 사람을 버리며 재능이 있는 사람이 재능이 없는 사람을 버린다면 현명한 것과 현명치 못한 것이 서로 다름이 한 치의 차이도 될 수 없다."
>
> 孟子曰 中也養不中 才也養不才 故人樂有賢父兄也 如中也棄不中 才也棄不才 則賢不肖之相去 其間不能以寸 〈離婁章句 下〉

맹자는 덕이 있는 사람과 없는 사람, 재주가 있는 사람과 없는 사람이 있음을 말하면서 덕이 있는 사람이 덕이 없는 사람을 키워주고 재주가 있는 사람이 재주가 없는 사람을 키워주어야 한다고 강조한다. 있는 자가 없는 자의 양생養生을 도와 함께 가야 한다는 주장이다. 있는 자가 없는 자를 버리는 것은 현명한 자의 태도가 아니다.

맹자가 보았던 현자의 지혜는 사유의 명증성과 사실의 정밀성이었다. 주석에 따르면 사실에 기초한 통찰이 대인의 자세이고, 이것이 시대에 맞는 당당한 위치, 곧 중용에 이른다고 보았다. 논리를 살피고 구체적인 사실에 기초하는 것이 현자의 태도이고 중용에 이르는 길이다.

맹자께서 말씀하셨다. "대인은 그가 한 말이 반드시 신의가 있다고 하지 않으며, 행동에 반드시 결과를 기대하지 않는다. 오직 의(義)가 있는 바를 따를 뿐이다."

孟子曰 大人者 言不必信 行不必果 惟義所在 〈離婁章句 下〉

맹자가 여기에서 말한 의義는 시대와 위치에 맞는 당당함이고 사실에 기초한 분명한 논리를 의미한다. 말에 대한 신뢰와 행동에 대한 좋은 결실은 과정의 당당함과 합리성이 우선되어야 한다. 맹자가 보았던 '의'는 위태로운 상황 논리가 아니다. 그가 보았던 중용은 현실의 실재에 기초한 정당한 핵심에 대한 도전이다. 달리 말하면 진정한 자유는 삶의 정수와 핵심에 대한 당당한 도전이다.

5장

마음을 함께 하니 믿는다

여민동락(與民同樂)

樂民之樂者 民亦樂其樂 憂民之憂者 民亦憂其憂 樂以天下 憂
以天下 然而不王者 未之有也

- 〈梁惠王章句 下〉

백성이 즐기는 것을 즐기면 백성 또한 그 즐거움을 함께하고 백성
이 근심하는 것을 근심하면 백성 또한 그 근심을 함께한다. 천하와
더불어 즐거워하고 천하와 더불어 근심하면 왕 되지 못할 자가 없다.

- 〈양혜왕장구 하〉

In practice, the power of human cooperation depends on a delicate balance between truth and fiction.

- 〈21 Lessons for the 21st Century〉

실제로 인간 협력의 힘은 실재와 허구 사이의 섬세한 균형에 의해 결정된다.

- 〈21세기를 위한 21가지 논제〉

민본정치와 오십보백보(五十步百步)

양혜왕장구 상편 3장에 양혜왕의 질문에 답하며 맹자는 오십보 백보라는 말을 사용한다. 양혜왕이 자신은 온 마음을 다하여 나라를 위하여 일한다고 하면서 그 예로서 하내河內에 기근이 들면 그 국민을 하동河東으로 옮기고 하내로 먹을 것을 가져가고 하동에 기근이 들면 그 반대로 한다고 했다. 그러면서 이웃 나라의 정치를 살펴볼 때 자신만큼 마음을 쓰는 곳이 없음에도 불구하고 이웃 나라 국민이 줄어들거나 자기 나라의 국민이 늘어남을 볼 수 없다고 한탄한다. 이에 맹자가 전쟁에 비유하여 양혜왕을 깨우치려 다음과 같이 말한다.

맹자께서 대답하셨다. "왕께서는 전쟁을 좋아하시니 전쟁에 비유하여 설명하겠습니다. 둥둥둥 북을 치고 병사들의 칼이 부딪치는 접전이 벌어졌습니다. 이때 갑옷을 버리고 창과 칼을 끌면서 달아나는데 어떤 자는 백 보를 달아나서 멈추고 어떤 자는 오십 보를 달아나서 멈추었습니다. 오십 보를 달아난 자가 백 보를 달아난 자를 비웃는다면 어떠하겠습니까?"

"그건 안 될 말입니다. 다만 백 보가 아닐 뿐이지 그것도 역시 달아난 것입니다."

"왕께서 이런 이치를 아신다면 국민이 다른 나라보다 많기를 바라지 마십시오."

孟子對曰 王好戰 請以戰喩 塡然鼓之兵刃旣接 棄甲曳兵而走 或百步而後止 或五十步而後止 以五十步笑百步則何如 曰不可 直不百步耳 是亦走也 曰王如知此則無望民之多於隣國也 〈梁惠王章句 上〉

이 말은 정도의 문제가 아니라 방향과 본질이 중요함을 말하고 있다. 전쟁에서 싸우지 못하고 겁에 질려 도망하는 것은 오십 보나 백보나 차이가 없음을 말하고 있다. 정치에 있어서도 정도程度가 아니라 통치자의 정책 목표와 방향을 의미하는 정도正道가 본질임을 보여주고 있다. 당시의 시대적 상황을 생각할 때 양혜왕은 국민의 민생에 초점이 있었던 것이 아니라 패도정치의 커다란 수단이 되는 병력을 잃지 않으려는 욕심이 우선했다. 맹자는 이를 간파했고 '오십보백보'의 비유를 들어 비판했다. 부언하면 국민을 이동시킨 것은 민생에 그 목적이 있었던 것이 아니라 전쟁의 수단으로서의 병력의 보전에 그 목적이 있었다. 국민을 이동시키고 식량을 옮기는 것은 민생의 문제를 해결하는 보조적 수단과 방법이지 근본적인 목적과 방향이 아님을 지적하고 있다. 근본적인 목적과 방향은 무엇보다도 국민의 눈높이에 맞추어 국민이 진실로 원하는 것을 지원해야 한다. 미봉책이 아니라 근본적인 대책이 추진되어야 한다.

맹자가 본 더 근원적인 본질은 농사철에 노역에 동원하지 말고 너무 촘촘한 그물로 고기를 잡지 않으며 때에 맞추어 벌목을 해야 장기적으로 자원을 보호하면서 민생을 돌보는 일이 된다고 설명하고 있다.

두 번째는 생산을 장려하고 생산체제를 효율적으로 조직하여 운영하여야 기근을 막을 수 있고 경제를 안정시킬 수 있다고 보았다.

셋째는 교육을 통해 국민들이 효제(孝悌)의 도를 배움으로써 법과 형벌이 아닌 예절과 실천으로 아름다운 사회 질서를 만들어 갈 수 있다고 말한다.

> 오묘(畝)의 택지에 뽕나무를 심으면 오십 대의 노인이 비단을 입을 수가 있으며, 닭·돼지·개 등의 가축을 기르는데 번식하는 시기를 잃지 않으면 칠십 대 노인이 고기를 먹을 수가 있고, 백묘의 밭에 농사지을 시기를 뺏지 않으면 몇 사람의 가족이 굶주리지 않을 것입니다. 학교의 교육을 신중하게 실시하여 효제(孝悌)의 길을 가르치면 반백의 노인이 도로에서 등에 짐을 지거나 머리에 짐을 이고 다니지 않게 될 것입니다.
>
> 五畝之宅樹之以桑 五十者可以衣帛矣 鷄豚狗彘之畜無失其時 七十者可以食肉矣 百畝之田勿奪其時 數口之家可以無飢矣 謹庠序之敎 申之以孝悌之義 頒白者不負載 於道路矣 〈梁惠王章句 上〉

양혜왕의 마음을 읽었던 맹자는 양혜왕이 힘을 바탕으로 한 전쟁으로 천하를 제패하겠다는 욕심을 목표로 하고 있음을 보았다. 병력의 바탕이 되는 자원인 국민의 수를 늘리겠다는 것도 하내河內에 흉년이 들면 국민을 하동河東으로 옮기겠다는 것도 국민의 바람이나 민생에 방향을 맞춘 것이 아니었다. 양혜왕은 국민을 그의 욕심을 성취하기 위한 수단으로 보았다. 맹자는 국민에 초점을 맞춘 민생이 아닐 경우 국민의 신뢰를 얻을 수 없음을 강조하였다. 맹자가 주창한 왕도정치는 국민의 마음을 읽고 책임을 다하는 민본정치를 의미하며 민본정치는 인간 그 자체를 목적으로 존귀하게 여기는 인본주의(Humanism)를 바탕으로 한다.

> 개나 돼지가 사람이 먹을 양식을 먹어도 이를 제지할 줄 모르며 길에 굶어 죽은 시체가 널려 있어도 나라의 곡식을 풀어 구제할 줄을 모르고, 사람이 죽으면 말하기를 "내 잘못이 아니라 해가 흉년이 든 탓이다."라고 하니, 이것이 사람을 찔러 죽이고 나서 "내가 죽인 것이 아니라 칼이 죽인 것이다."라고 하는 것과 무엇이 다르겠습니까? 왕께서 해(시절)를 탓하지 않으신다면 곧 천하의 백성들이 모여들게 될 것입니다.
>
> 狗彘食人食而不知檢 塗有餓莩而不知發 人死則曰 非我也歲也 是何異於刺人而
> 殺之曰 非我也兵也 王無罪歲 斯天下之民至焉 〈梁惠王章句 上〉

민본정치는 책임정치를 의미한다. 국민이 위임한 권한을 사용하여 국민에 대한 책임을 다하는 정치이다. 세월을 탓하거나 다른 핑계를 들어 책임을 회피할 수 있는 것이 아니다. 책임을 감당할 수 없으면 스스로 물러나는 것이 왕도이고 민본정치이다.

함께 하는 삶, 여민동락(與民同樂)

맹자는 함께 하는 삶, 민중과 공감하는 삶이 위정자의 기본적인 삶의 자세와 태도가 되어야 함을 강조한다. 왜 함께하는 삶이 중요한가? 양혜왕 하편에 보면 맹자와 양혜왕이 풍류에 관하여 담론을 펼치고 있다. 그 내용을 요약하면 양혜왕이 풍류를 즐긴다고 말씀하였다면 맹자의 입장에서는 그것이 좋은 정치에 다가가는 길이라고 말한다. 양혜왕이 선왕의 풍류를 좋아하는 것이 아니라 세속의 풍류를 좋아한다고 하자 맹자는 오늘날의 풍류가 옛날의 풍류와 같다는 논지를 편다. 맹자는 옛날의 풍류나 오늘날의 풍류 그 자체에 관심을 가진 것이 아니라 그것이 어떻게 인간에 의해 쓰여지는가에 관심을 두었다. 풍류가 어떻게 우리의 삶을 즐겁게 하고 우리의 삶을 고양시키는가에 초점을 두었다.

맹자는 홀로 풍류를 즐기는 것과 남과 더불어 즐기는 것을 대비시켜 많은 사람이 함께 즐기는 것이 가치가 있다고 보았다. 풍류의 질도 중요하지만 그 풍류를 많은 사람이 즐기는 것이 더 소중하다. 실용적인 측면도 있지만 맹자가 힘주어 주장한 것은 즐길 줄 아는 삶과 그것을 공유하는 것이 민본정치의 근간이 된다는 것이다. 정치가 민중의 행복한 삶을 증대시키는 데 그 큰 목적이 있다면 위정자는 건전한 놀이 문화를 계발하고 이를 민중과 함께 공유해야 한다.

> 말씀하시기를 대답을 들려주시겠습니까? 홀로 풍류를 즐기는 것과 남과 더불어 풍류를 즐기는 것 가운데 어느 것이 즐겁습니까? 왕이 대답하기를 남과 더불어 즐기는 것만 같지 못합니다. 적은 사람과 더불어 즐기는 것과 많은 사람과 더불어 즐기는 것 가운데 어느 것이 즐겁습니까? 많은 사람과 더불어 즐기는 것만 같지 못합니다.
>
> 曰可得聞與 曰獨樂樂 與人樂樂 孰樂 曰不若與人 曰與少樂樂 與衆樂樂 孰樂 曰不若與衆 〈梁惠王章句 下〉

맹자가 생각한 풍류의 공유는 풍류를 좋아하는 마음을 확대하여 인정仁政을 펼침으로써 민중이 각자 그 있어야 할 위치와 본분을 발견하고 지키는 데 그 의의가 있었다. 풍류의 공유가 자신의 위치를 잊게 하는 것이 아니라 오히려 자신의 위치와 본분을 발견하고 지키는 데 기여해야 한다. 이와 같은 풍류의 공유는 진정한 의미의 소통을 통해 가능하다. 이는 역으로 해석하면 진정한 의미의 소통은 진정한 의미의 공유를 통해 가능하다.

> 지금의 왕이 이때에 풍악을 울리니 백성이 왕의 종소리와 북소리, 피리 소리와

퉁소 소리를 듣고 두통으로 콧대를 찡그리면서 서로 말한다. "우리 왕이 풍류를 좋아함이 어찌 나로 하여금 이 지경에 이르게 하는가? 아버지와 아들이 서로 만나지 못하고 형제, 처자가 서로 떨어져 흩어지게 한다." 지금의 왕이 이때에 사냥을 행하시니 백성이 왕의 마차 소리를 듣고 깃대의 아름다움을 보면서 두통으로 콧대를 찡그리면서 서로 말한다. "우리 왕이 사냥을 좋아함이 어찌 나로 하여금 이 지경에 이르게 하는가? 아버지와 아들이 서로 만나지 못하고 형제, 처자가 서로 떨어져 흩어지게 한다." 이것이 다름 아닌, 백성과 더불어 즐거움을 함께하지 못하는 것이다.

今王 鼓樂於此 百姓 聞王鐘鼓之聲 管籥之音 擧疾首蹙頞而相告曰吾王之好鼓樂 夫何使我 至於此極也 父子不相見 兄弟妻子離散 今王田獵於此 百姓聞王 車馬之音 見羽旄之美 擧疾首蹙頞而相告曰 吾王之好田獵 夫何使我 至於此極也 父子不相見 兄弟妻子離散 此無他 不與民同樂也 〈梁惠王章句 下〉

위의 인용구에서 아버지와 아들이 서로 보지 못하고 형제 처자가 떨어져 사는 상황이 비정상적인 상황이고 그 있어야 할 바른 위치에 있지 못한 상황이다. 이와 같은 상황을 초래하는 원인은 크게는 민생을 돌보지 못한 데서 비롯된다. 맹자가 생각한 진정한 풍류의 공유는 행복을 함께 나누는 것으로 백성의 어려움을 살피고 함께 근심하는 것과 상통한다. 즐거움의 공유는 근심 걱정의 공유와 분리될 수 없다.

백성이 즐기는 것을 즐기면 백성 또한 그 즐거움을 함께하고 백성이 근심하는

것을 근심하면 백성 또한 그 근심을 함께한다. 천하와 더불어 즐거워하고 천하와
더불어 근심하면 왕 되지 못할 자가 없다.

樂民之樂者 民亦樂其樂 憂民之憂者 民亦憂其憂 樂以天下 憂以天下 然而不王
者 未之有也〈梁惠王章句 下〉

　맹자는 즐거움의 공유는 근심까지도 공유하는 것으로 즐거움
중에도 근심이 있고, 근심 중에도 즐거움이 있으므로 그 마음을
공유하여야 진정한 의미의 살기 좋은 사회, 이상적인 왕도 국가를
성취할 수 있다고 보았다. 공동체가 즐거움과 어려움을 함께 나누
는 사회, 위정자와 민중이 즐거움과 어려움을 함께 나누는 사회가
맹자가 꿈꾸었던 이상적인 공동체였다.

　민중이 각자 있어야 할 곳에서 아버지와 자식이 한 가정을 이루
고 형제 처자가 흩어지지 않으려면 가장 먼저 위정자는 민생을 살
펴야 한다. '여민동락與民同樂'의 최우선 선결 과제는 민생을 살펴 그
기쁨과 어려움을 함께하는 일이다.

　경공이 기뻐하며 나라에 널리 알리고 궁궐을 떠나 민가에 머물면서 비로소 창고
를 열고 궁핍한 사람을 도왔다. 악사를 불러 나를 위해 임금과 신하가 서로 즐길
수 있는 음악을 지으라고 하니 치소(徵招)와 각소(角招)가 이것이다. 그 시에 이르기
를 임금의 욕망을 막는 것이 어찌 탓할 일인가? 임금의 욕망을 절제하는 것은 임금
을 위하는 것이다.

　景公 說 大戒於國 出舍於郊 於是 始興發 補不足 召大師曰爲我 作君臣相說之樂

蓋徵招角招 是也 其詩曰畜君何尤 畜君者 好君也〈梁惠王章句 下〉

　민생을 보살피고 임금의 욕망을 절제하는 것이 진정한 소통과
공유의 길임을 읽을 수 있다. 음악과 풍류의 공유는 민생의 안정
을 전제로 하고 민생의 안정과 행복의 공유는 통치자의 절제와 지
도력을 필요로 한다.

　더불어 사는 삶은 경제적 안정을 바탕으로 즐거움과 어려움을
함께 나누는 배려와 공유를 통해 진솔한 마음이 소통될 때 이루
어진다. 마음이야말로 소통의 가장 큰 원동력이다. 마음은 부귀와
지위 고하에 구애됨이 없이 소통을 가능하게 하는 힘이고, 그 마
음의 온전한 보전은 민생의 안정이란 토대 위에 구축된다. 민생의
안정이 전제되지 않는다면 화려한 문화적 이벤트와 풍류가 공감의
장을 형성할 수 없다.

왕도(王道)와 인정(仁政)

맹자는 왕도王道 정치에 방점을 두었고, 왕도王道와 패도覇道를 구분하였다. 패도가 무력에 의한 통치를 지향한다면 왕도는 덕치德治와 인정仁政을 지향하였다. 구체적으로 맹자가 말한 왕도에 접근하려면 먼저 민중의 마음을 읽는 일이 우선되어야 한다.

> 지금 은혜가 금수에게 미치나 백성에게 이르지 못하는 까닭은 무엇입니까? 저울로 잰 후에 가벼움과 무거움을 알고 자로 재본 후에 길고 짧음을 알 수 있습니다. 사물이 모두 그러한데 마음은 더욱 깊습니다. 왕께 청하오니 마음을 헤아리시기 바랍니다.
>
> 今恩足以及禽獸而功不至於百姓者 猶何與 權然後 知輕重 度然後 知長短 物皆然 心爲甚 王請度之 〈梁惠王章句 上〉

맹자는 양혜왕과의 대화에서 양혜왕의 욕망을 간파하고 양혜왕 자신의 마음을 돌아볼 것을 넌지시 충고하고 있다. 양혜왕의 정치가 민중의 신뢰를 얻지 못하는 것은 그의 진솔한 마음이 인정仁政

에 있지 않음을 간접적으로 보여주고 있다. 또한, 사물도 그 실태를 파악하기 위해 평가와 통계가 필요하듯이 민중의 마음을 얻으려면 민중의 소리를 듣고 민중의 마음을 이해하는 일이 중요함을 강조하고 있다.

맹자가 보았던 왕도정치는 작은 일에 충실해야 하는 것임을 여러 가지 비유를 통해 말하고 있다. 한편으로 보면 맹자의 왕도정치는 작은 일의 실천이 확산되는 과정을 중시한다. 맹자는 진정한 의미의 왕도는 규모에 있는 것이 아니라 양질의 삶에 있다고 보았지만 양혜왕의 생각은 과정으로서의 양질의 삶보다는 결과로서의 거대 제국에 대한 욕망으로 가득 차 있었다.

> 말씀드리겠습니다. 그렇다면 왕이 바라는 커다란 욕망을 알겠습니다. 영토를 넓히고 진나라 초나라 같은 대국을 복종시키며 중원에 군림하여 사방의 오랑캐를 제압하는 것입니다. 이와 같이 병사를 일으켜 원한을 쌓는 방법으로 그런 큰 욕망을 채우시려는 것은 마치 나무 위에 올라가 물고기를 찾는 것과 같습니다.
>
> 曰然則王之所大欲 可知已 欲辟土地 朝秦楚 莅中國而撫四夷也 以若所爲 求若所欲 猶緣木而求魚也 〈梁惠王章句 上〉

맹자는 양혜왕의 내면에 가득한 욕망이 나무 위에 올라가 물고기를 찾는 것보다도 더 어리석음을 깨우쳐 주고자 했고, 그 욕망의 결과는 커다란 재앙이 될 것이라고 충고한다.

그렇다면, 맹자의 왕도정치에 대한 접근방식은 어떠한 것인가?

그의 접근 방식은 자연스런 진술한 마음에서 우러나오는 작은 실천이 큰 울림으로 파급될 수 있다고 보았고, 양혜왕과의 대화에서 규모와 크기에 집착하지 말라고 거듭 말한다. 맹자는 작은 실천이 큰 울림이 되지 않더라도 그 자체가 진정한 의미의 행복을 가져올 수 있다고 보았다.

> 내 어른을 공경하는 것으로써 남의 어른을 공경하는 데 이르게 하고, 나의 아이를 사랑하는 것으로써 남의 아이를 사랑하는 것에 이르게 하면 천하를 손바닥 위에서 움직일 수 있다. 시경에 이르기를 "아내에게 법도 있게 대하여 형제에 이르게 하고 이로써 나라를 다스리는 데까지 이르렀네."라고 하였는데 이는 가까운 자에게 베푸는 마음을 가져다가 다른 사람들에게 베푼다는 말입니다. 그러므로 배려를 실천해 나가면 능히 사해(四海)를 보전하고 배려를 실천하지 않으면 처자도 보존할 수 없습니다. 옛날의 현자가 보통 사람들보다 뛰어났던 것은 특별히 다른 것이 아닙니다. 그 하여야 할 바를 충실히 실천하였을 따름입니다.
>
> 老吾老 以及人之老 幼吾幼 以及人之幼 天下可運於掌 詩云刑于寡妻 至于兄弟 以御于家邦 言擧斯心 加諸彼而已 故推恩足以保四海 不推恩無以保妻子 古之人 所以大過人者 無他焉 善推其所爲而已矣 〈梁惠王章句 上〉

맹자가 생각한 인정仁政은 자연스러운 배려를 확대해 나가는 것이다. 내 어버이를 공경하는 자세로 이웃의 어른을 공경하고 내 아이를 사랑하는 마음으로 이웃의 어려운 아이를 사랑하는 것이다. 맹자가 보았던 인정仁政은 극히 자연스런 배려에서부터 시작하여

한 나라를 경영하는 데에까지 확대하고 이것이 세계 평화로 이어질 수 있다는 논리이다. 또한, 그와 같은 배려가 국가경영이나 세계평화로 나아가지 못한다 하더라도 적어도 가정의 평화와 내 양심을 보전할 수 있다고 보았다.

특히, 맹자는 인정의 기본이 항산恒産에 있음을 강조하여, 민생을 튼튼히 하는 것이 인정의 가장 중요한 선결 과제라고 보았다.

> 말씀드리겠습니다. 일정한 생업이 없이 양심(일상의 선한 마음)을 지킬 수 있는 사람은 오직 깨달음이 있는 선비만이 할 수 있고 대부분의 민중은 생업이 없으면 꾸준히 양심을 지킬 수 없습니다. 양심이 없으면 사람이 방탕해지고 간사하며 사악하고 무절제하여 하지 못하는 짓이 없게 됩니다. 죄에 빠진 연후에 이에 대해 형벌을 내리는 것은 민중을 속이는 것입니다. 어찌 어진 사람이 그 자리에 있으면서 민중을 속이는 짓을 할 수 있겠습니까?
>
> 曰無恒産而有恒心者 惟士爲能 若民則無恒産因無恒心 苟無恒心 放辟邪侈 無不爲已 及陷於罪然後 從而刑之 是罔民也 焉有仁人在位罔民而可爲也
>
> 〈梁惠王章句 上〉

맹자는 인정仁政의 기초가 민중이 일상의 생업을 유지할 수 있게 하는 것임을 분명히 하면서 생업이 보전되지 않으면 일상적인 선한 마음을 보전할 수 없다고 보았다. 먹고사는 문제가 해결되지 않으면 사회의 미풍양속이 온전히 보전되지 않고 사회적 병리 현상들이 나타나게 된다. 맹자는 민중이 죄를 지을 수밖에 없는 상황으로 몰아가면서 이 죄를 벌하는 것은 민중을 속이는 행동이라고 보았다.

맹자가 양혜왕장구의 상편에서 두 번에 걸쳐 반복하여 강조한 것은 꼼꼼한 민생 전략과 교육정책이 왕도와 인정의 기본이라는 점이다.

> 왕께서 왕도를 행하고자 하면 어찌 그 기본으로 돌아가지 않으십니까? 오묘의 땅에 나무를 심어 양잠을 하면 오십 노인이 비단옷을 입을 수 있습니다. 닭, 돼지, 개 같은 가축을 그 번식하는 때를 놓치지 않고 기르면 칠십 노인이 고기를 먹을 수 있습니다. 백묘의 밭을 농사짓는 때를 놓치지 않으면 여덟 명 가족이 굶주리지 않습니다. 학교는 가르침에 힘써 효(孝)와 제(悌)의 올바른 행동을 거듭하면 반백의 노인이 무거운 짐을 지고 길을 다니지 않을 것입니다. 칠십 노인이 비단옷을 입고 고기를 먹으며 백성들이 굶주리거나 추위에 떨지 않게 하면서도 왕의 역할을 하지 못한 자는 없었습니다.
>
> 王欲行之則盍反其本矣 五畝之宅樹之以桑 五十者 可以衣錦矣 鷄豚狗彘之畜 無失其時 七十者可以食肉矣 百畝之田 勿奪其時 八口之家 可以無飢矣 謹庠序之敎 申之以孝悌之義 頒白者不負戴於道路矣 老者 衣錦食肉 黎民不飢不寒 然而不王者 未之有也 〈梁惠王章句 上〉

맹자의 사유체계 속에는 왕도王道와 인정仁政의 기본이 민생과 교화에 있고 이를 충실히 하려면 지도자가 민중을 사랑하고 민중에 대해 정직해야 한다는 것이다. 왕도는 정직과 사랑이 기본이고 인정은 민생의 안정과 올바른 교육의 진흥이 핵심이다. 정직은 사랑의 다른 한 측면이고, 사랑은 정직의 다른 한 측면이다. 맹자가 보았던 '인仁'은 정직과 사랑, 사랑과 정직을 함께 구비한 마음이다. 인정은 정직과 정의를 구현하는 민생民生의 안정과 인간에 대한 믿음과 사랑을 깨닫게 하는 양질의 교육敎育을 통해 완성된다.

유항산자유항심(有恒産者有恒心),
무항산자무항심(無恒産者無恒心)

등문공滕文公이 나라를 다스리는 일에 관하여 맹자에게 물었을 때 맹자가 강조하여 말한 것이 "항산恒産이 있는 자는 항심恒心이 있고, 항산이 없는 자는 항심도 없다."는 말이다. '항산'이 독립 변인이고 '항심'은 이에 종속된다. 오늘날의 말로 되짚으면 민심이 험악해지는 것은 경제적 빈곤이나 불안정으로부터 비롯된다는 말이다. 주석에 따르면 '항산'은 변함없이 생계를 유지하게 하는 일業을 뜻하고 '항심'은 변함없이 갖게 되는 사람의 선한 마음을 뜻한다. 그러나 '항산'이란 말을 경제적인 영역으로 한정시켜 말하는 것은 의미의 온전한 이해에 도움이 되지 않는다. 오늘날의 시대에 맞게 해석하면 물질적인 활동이든 정신적인 활동이든 결실이 있어야 따뜻한 마음과 건강한 인품을 갖추게 된다는 의미로 이해해야 한다.

백성이 도를 행함은 항산이 있는 곳에 항심이 있고 항산이 없는 곳에 항심이 없다. 진실로 항심이 없으면 방탕, 편벽, 사악, 사치 등 못하는 것이 없게 됩니다. 죄에 빠지게 된 후에 따라가서 처벌한다면 그것은 백성들을 그물로 잡는 것입니다. 어찌 어진 사람이 임금의 자리에 있으면서 백성들을 그물로 잡을 수가 있겠습니까? 그러므로 현명한 군주는 반드시 공손하고 검약하여 아랫사람을 예로 대하며 백성들에게 거두어들이는 데에도 제도가 있는 것입니다.

民之爲道也 有恒産者有恒心 無恒産者無恒心 苟無恒心放辟邪侈 無不爲已 及陷乎罪然後 從而刑之 是罔民也 焉有仁人在位罔民而可爲也 是故賢君 必恭儉禮下 取於民有制〈滕文公章句 上〉

맹자의 말씀에 따르면 백성이 죄에 빠지는 것은 마음을 잃는 데서 기인하고 마음을 잃는 것은 물질적으로나 정신적으로 결실이 없는 궁핍으로부터 비롯된다고 보았다. 물질적으로 풍요롭다고 해서 방탕과 사치가 사라지는 것은 아니다. 물질적 풍요와 정신적 풍요는 서로 비례하는 것도 아니지만 반비례하는 것도 아니다. 진정으로 잘 사는 나라는 물질적 풍요와 정신적 풍요가 조화를 이루는 나라이다. 항산恒産이나 항심恒心은 고정 개념이 아니라 늘 시대에 맞게 조화와 변화를 이루어내야 한다. '항산'을 결실과 결부시키면 시대의 변화와 현실에 맞는 도전이 시도되어야 한다. 새로운 문화의 창출은 균형 잡힌 제도의 혁신과 운영이 요구된다. 맹자가 강조한 것은 통치자가 공손하고 겸손하며 아랫사람을 예로 대해야 한다는 것과 백성에게 거두어들이는 세금은 반드시 기준을 정하여 제도화할 것을 강조했다. 오늘날의 용어로 바꾸면 통치자의 국민을 대하는 태도와 공정한 세정이 국민의 신뢰를 얻는 길임을 말하고 있다.

용자(龍子)는 '농지를 다스리는 데는 조법보다 좋은 것이 없고 공법보다 나쁜 것이 없다.'고 말하였습니다. 공법이란 여러 해의 평균 수확을 비교하여 그것을 일정 기준으로 삼는 것입니다. 풍년에는 낱알이 마구 흩어질 정도이므로 많이 받아내어도 포악한 것이 되지 않을 텐데 적게 받아가고, 흉년에는 그 수확이 전지(田地)에 줄 거름값도 부족한데 그럴 때도 반드시 조세 기준을 채워서 받아갑니다. 백성들의 부모가 되어 가지고 백성들로 하여금 애써 1년 내내 힘들여 일하여도 제 부모조차 봉양할 수 없게 만들고, 또 빌려 쓰는 것으로 하여 이자를 붙여서 늙은이와 어린 것들을 시궁창이나 구렁으로 떨어져 죽게 만든다면 백성들의 부모된 보람이 어디 있겠습니까?

龍子曰 治地莫善於助 莫不善於貢 貢者校數歲之中以爲常 樂歲粒米狼戾 多取之而 不爲虐則寡取之 凶年 糞其田而不足 則必取盈焉 爲民父母使民 盼盼然將終歲勤動 不 得以養其父母 又稱貸而益之 使老稚轉乎丘壑 惡在其爲民父母也 〈滕文公章句 上〉

맹자는 세제와 세정이 일반 국민의 일상생활에 미치는 영향이 매우 크므로 유연성 있게 운영되어야 함을 구체적으로 제시하고 있다. 나라의 세정이 무엇보다도 국민의 삶을 도우는 데 주안점이 맞혀져야 한다. 공평하게 거두어들인다는 명분으로 여러 해의 평균 수확을 비교하여 풍년이나 흉년이나 동일하게 거두어들이는 공법이 국민의 삶을 황폐화하는 제도임을 예를 들어 잘 설명하고 있다. 세금을 거두어들일 때는 당해연도의 수확을 보고 유연성 있게 운영해야 한다. 풍년에 조금 더 걷더라도 흉년에는 세금을 줄여 주거나 국가가 특별히 어려운 백성들을 도와야 한다. 세금을 걷는 것이 국민의 삶을 안정시키기 위한 방편이 되어야 함을 보여주고 있다. 특히 세제의 운영에 있어 경제적으로 어려운 국민에 대한 배려가 있어야 한다. 경직된 운영이 아니라 세금을 낼 사람과 소득, 그리고 공간과 시간이 배려된 공평한 세제의 운영을 강조하였다. 세제의 운영이 국민들에게 잘 살 수 있다는 희망을 줄 수 있도록 세심하게 배려되어야 한다.

잘 살 수 있다는 희망은 열심히 일하게 하고 그것이 풍요로운 결실을 맺게 되어 개인적으로나 국가적으로 행복한 삶으로 나아가는 기반이 된다.

인정(仁政)은 공(公)과 사(私)를 분명히 하는 데서 비롯된다

맹자는 고대의 정전법井田法이 인정仁政의 기초가 되는 좋은 제도라고 보았고 인정의 시작은 경계를 분명히 하는 데서 비롯된다고 보았다.

필전(畢戰)을 시켜 정전법에 관하여 물어보게 하였다. 맹자께서 말씀하셨다. "선생의 국군(國君)께선 장차 인정(仁政)을 시행하시려고 사람을 선택하여 그대를 보내셨으니 선생께서는 반드시 이에 힘써야 합니다. 인정이란 것은 토지의 경계를 잡아놓는 데서부터 시작됩니다. 경계를 바르게 잡아놓지 않으면 정전이 고르게 되지 않고 관리에게 주는 곡록(穀錄)도 공평치 않게 됩니다. 그러므로 폭군과 부패한 관리는 경계를 잡아놓는 일을 게을리합니다. 경계를 잡아놓는 일이 바르게 되면 전지(田地)를 고르게 하고 곡록을 제정하는 일은 가만히 앉아서도 할 수가 있습니다."

使畢戰問井地 孟子曰 子之君 將行仁政選擇而使子 子必勉之 夫仁政必自經界始 經界不正 井地不均 穀錄不平 是故暴君汙吏 必慢其經界 經界旣正 分田制祿 可坐而定也 〈滕文公章句 上〉

여기에서의 인정仁政은 고른 배분과 평등에 방점이 놓여 있다. 농경사회의 경제의 기본은 땅을 고르게 배분하는 데서 비롯된다. 이른바 경계를 바로 잡아야 조세도 고르게 이루어져 백성들의 불만을 최소화할 수 있다. 오늘날 직장 내에서 업무를 공평하게 합리적으로 배분하여 역할을 나누어 맡는 것도 업무의 경계를 분명하게 바로잡는 데서 시작된다. 업무가 능력과 자질에 맞게 공평하게 배분되지 않으면 직장 내에 불화가 발생할 수 있다.

정전법은 공전과 사전을 구분하여 백성들의 사유를 인정함과 동시에 공전을 통하여 조세를 거두어들이는 제도이다. 공전의 운영은 조세의 부담을 줄이면서 공동체의 운영에 참여하는 의무를 부과함으로써 공동체 형성에 기여 한다.

> 사방 1리에 정전 하나씩을 두고 한 정전은 900묘입니다. 그 가운데를 공전으로 하고 여덟 가구가 모두 100묘씩을 사유하며 함께 공전을 가꾸는 것입니다. 공전의 일을 끝낸 후에야 사전의 일을 돌보는데, 이는 야인과 구별되는 것입니다.
>
> 方里而井 井九百畝 其中爲公田 八家皆私百畝 同養公田 公事畢然後 敢治私事 所以別野人也〈滕文公章句 上〉

맹자가 이상적인 공동체 형성을 위해 강조한 것은 공公을 우선하고 사私를 뒤에 두는 태도이다. 공전公田은 공동체의 공통된 이익과 관련되므로 사적인 이익과 관련되는 사전私田보다 우선하는 운영이 이루어져야 한다. 맹자의 공동체 이익 우선의 원칙은 공동체의 상부상조를 강조하여 백성들이 유대를 돈독히 하고 아름다운 풍속을 가꾸어 나갈 수 있도록 권장한다.

> 죽어서 장사지내고 거처하는 곳을 옮겨도 향지(鄕地)를 떠나는 일이 없고, 향전을 공동으로 함께 하니 나가고 들어옴에 서로 벗하며, 마을을 지키기 위해 서로 돕는다. 질병을 당하면 서로 보살피고 돌봐 주니 백성들이 친근하고 화목해진다.
>
> 死徒無出鄕 鄕田同井出入相友 守望相助 疾病相扶持 則百姓親睦 〈滕文公章句 上〉

맹자의 인정仁政은 사私로 표현되는 개인의 영역을 분명히 하는 데서 시작하여 공동체의 영역을 형성하기 위해 공과 사를 분명히 하는 일로 완성된다. 건강한 공동체의 형성은 상부상조의 협력체제를 구현하는 것이다. 이를 위해 공정한 규칙과 제도를 수립하고 이를 실천하여 상부상조의 경험을 공유하고 쌓아나가야 서로 믿을 수 있는 공동체가 형성된다.

인품의 깊이

제나라 사람 호생불활浩生不活이 맹자에게 악정자樂正子의 인품에
대해 묻자 맹자는 악정자가 선한 사람이고 믿을 수 있는 사람이라
대답한다. 이에 대해 호생불활이 무엇이 선善이고 무엇이 신信인지
되묻자 맹자는 인품의 깊이를 뜻하는 여섯 가지 핵심어를 말한다.

맹자의 말을 빌리면 선한 사람은 우리가 긍정적으로 평가하고
원하는 바이지만 믿을 수 없는 사람을 말한다. 믿을 수 있는 사람
은 선한 자질을 몸에 지니고 있어 우리가 보고 느낄 수 있으므로
믿게 된다.

> "어떤 것을 선(善)이라 하고 어떤 것을 신(信)이라 합니까?"
>
> "그와 같이 되기를 원하는 것은 선이고, 그 선(善)을 실천하여 내 몸에 지닌 것이
> 신(信)이다."
>
> 何謂善 何謂信 曰可欲之謂善 有諸己之謂信 〈盡心章句 下〉

맹자는 여기에서 나아가 그 선善을 힘써 행하면 몸에 충만함으

로 외부의 도움을 기다릴 것이 없이 그 가운데에 아름다움이 있다고 했다. 맹자가 큰사람이라고 말한 것은 그 아름다움이 밖으로 나타나 더할 것이 없는 경지를 의미한다.

선을 행하기에 힘써서 마음속에 충만한 것을 아름답다(美)고 한다. 선이 마음속에 충만 되어서 그 빛이 밖으로 나타나는 것을 위대(偉大)하다고 한다.

充實之謂美 充實而有光輝之謂大 〈盡心章句 下〉

성인의 경지에 이른 것을 의미하는 성聖은 덕업이 지극히 성대해서 사람을 감화시킬 수 있는 것을 뜻하고 지극히 성스러워서 사람이 측량할 수 없는 것을 신神이라 말한다.

덕이 성대해서 사람을 감화시킬 수 있는 것을 성(聖)이라고 하며 지극히 성스러워서 사람이 헤아릴 수 없는 것을 신(神)이라 한다.

大而化之之謂聖 聖而不可知之謂神 〈盡心章句 下〉

맹자는 악정자의 인품이 선과 신에 대해서는 가운데에 놓여 있고 뒤의 네 가지에 대해서는 아래에 놓여 있는 사람이라 평한다. 장자張子의 주석에 따르면 악정자와 안연顏淵이 인仁에 뜻을 두고 악한 점이 없었으나 악정자가 학문에 이르지 못했음을 지적하면서 다만 선하고 믿을 수 있는 사람이라 말했다. 안연에 대해서는 학문을 좋아하고 게을리하지 않아 어질고 지혜로웠으며 성인의 모습을 갖추었으나 성인의 경지에 이르지 못했다고 평했다. 이는 악정자가 선하고 이를 실천하여 믿을 수 있었으나 아름답고 위대하거나 성스럽고 신령스러운 경지에 이르지 못한다고 평한 것이다. 안연의 경우 오랜 학문과 수련으로 아름다운 인품을 보여 주었으나 성인의 경지에 이른 것은 아니라고 평하였다.

맹자는 배우고 실천하는 자기 수련을 통해 덕업을 이루어 남을 감화시킬 수 있는 인품을 갖출 수 있음을 보여 준다.

상도(常道)와 상식(常識)이 바로 서면 서민(庶民)이 흥(興)한다

상식이란 말은 상도常道라는 말과 유사한 의미를 지닌다. 오랜 세월 쉽게 바뀌지 않는 도道가 상도이고 상식이다.

> 군자는 상도를 거듭 실천할 뿐이다. 상도가 바로 서면 서민이 흥하고 서민이 흥하면 사특함이 없어진다.
>
> 君子反經而已矣 經正則庶民興 庶民興斯無邪慝矣 〈盡心章句 下〉

'경經'은 주석에 따르면 여러 세대를 통하여 바꾸어 지지 않는 상도常道를 의미한다. 상도는 변함이 없다는 의미도 지니지만 보통 사람이 지킬 수 있는 도라는 의미도 지닌다. 일반 사람이 지킬 수 있는 법도가 '상도'이다. 오늘날 유사한 의미를 지니는 말이 '상식常識'이다. 상도와 상식은 일반 서민들이 지킬 수 있는 도리와 일반 서민들이 이해할 수 있는 지식을 뜻한다. 상도와 상식이 바로 서면, 서민이 흥하고 서민이 흥하면 나라에 사특함이 없다는 말이다. 정치의 기본은 이 상도와 상식을 바로 세우는 것이다. 상도와 상식이 바로 서면 서민들이 지켜야 할 도리와 지식이 분명하므로 부정과 부패가 횡행할 수 있는 사이비似而非가 비집고 들어올 수 없다.

> 공자께서 말씀하셨다. "옳은 것 같으나 그렇지 않은 것을 미워한다. 가라지를 미워하는 것은 그것이 곡식의 싹을 어지럽힐까 두려워하기 때문이고, 아첨하는 것을 싫어하는 것은 그것이 의리를 어지럽힐까 두렵기 때문이며, 말솜씨가 좋은 것을 미워하는 것은 그것이 믿음을 헤칠까 두렵기 때문이다. 정(鄭) 나라의 음악을 싫어하는 것은 그것이 바른 음악을 어지럽힐까 두려워하기 때문이요, 자줏빛을 미워하는 것은 그것이 붉은빛을 어지럽힐까 두려워하기 때문이요, 향원(鄕原)을 미워하는 것은 그것이 덕을 어지럽힐까 두려워하기 때문이다.
>
> 孔子曰 惡似而非者 惡莠恐其亂苗也 惡佞恐其亂義也 惡利口恐其亂信也 惡鄭聲恐其亂樂也 惡紫恐其亂朱也 惡鄕原恐其亂德也 〈盡心章句 下〉

상도와 상식을 바로 세우는 데 가장 큰 적이 되는 것이 사이비似而非한 태도를 보이는 것이다. 겉으로는 상도와 상식을 지키는 것처럼 행동하나 실상은 상도와 상식에 어긋나는 행동을 하는 것이 '사이비'한 태도이다.

공자는 특히 지방에서 양민에게 피해를 주면서 남몰래 자신의 이익만을 추구하는 지방의 토호 세력인 향원鄕原을 덕德을 훔치는 도적이라고 비판하였다.

> 무엇 때문에 이처럼 큰소리치면서 말이 행동을 돌아보지 못하고 행동이 말을 돌

아보지 못하는가? 그런즉 '옛사람이여, 옛사람이여'하면서 행동이 어찌하여 나아지지 못하고 냉랭한가? 이 세상에 태어나 이 세상 사람이 되는 것이 좋다고 여겨 잘못을 감추고 세상에 아첨하는 사람이 향원이다.

日何以是嘐嘐也 言不顧行 行不顧言 則曰古之人古之人 行何爲踽踽凉凉 生斯世也 爲斯世也 善斯可矣 閹然媚於世也者 是鄉原也 〈盡心章句 下〉

말과 행동이 일치하지 않는 사람이 향원이고 사이비이다. 말이 행동을 규제하고 행동이 말을 절제하고 뒷받침하는 언행일치가 상도와 상식이 살아있는 사회를 만든다.

선(善)을 공유하는 것이
최선의 정치이다

맹자는 자신이 어질지 못하면 남의 부림을 받을 수밖에 없다고 보았다. 어진 사람은 활을 쏘는 것과 같아 자신의 몸의 자세를 바르게 한 후에 쏘고, 화살이 적중하지 않더라도 자기를 이긴 사람을 원망하지 않으며 오히려 자신을 돌아보아 자기에게서 그 원인을 찾는다. 맹자는 인仁과 도道를 자신에게서 찾아야 하고 그 인과 도가 자신에게서 분리되는 것은 진정한 의미의 인과 도가 아니라고 보았다.

자로는 남이 자신의 잘못을 지적하면 기쁜 마음으로 받아들였고, 우禹는 좋은 이야기를 들으면 절을 하였다고 말하면서 그들의 태도를 칭찬하였다. 그러나 맹자가 자로나 우임금보다 더욱 높이 평가한 태도는 선善을 공유하는 일이다. 공동체의 공동선을 구축하는 첫걸음은 선을 공유하여 함께 하는 것이다. 선의 공유는 남의 선을 공유하고 칭찬하며 권장하는 태도로부터 시작된다.

순임금은 더욱 위대한 점이 있으셨으니 선을 다른 사람과 더불어 같이 하였다.

다른 사람의 선을 보았을 때에는 자기를 버리고 그 사람을 따랐으며 다른 사람에
게서 취하여 선을 행하기를 즐기셨다.

大舜有大焉 善與人同 舍己從人 樂取於人 以爲善〈公孫丑章句 上〉

선한 행동을 보았을 때에는 자기의 명예를 앞세워 가릴 것이 아
니라 상대방의 선한 행동을 기리어 널리 알리는 것이 자신을 자랑
하는 것보다 공동체를 더욱 결속시킨다. 특히, 백성들의 선행을 발
굴하여 공유하는 것을 즐기는 정치가 최선의 정치다.

스스로 밭은 갈고 농사를 지으며 도자기를 만들고 물고기를 잡는 데서부터 황제
가 되기에 이르기까지 남에게서 취하지 않은 것이 없다.

自耕稼陶漁 以至爲帝 無非取於人者〈公孫丑章句 上〉

순임금은 서민들의 일상으로부터 천하를 다스리는 일에 이르기
까지 사람에게서 취하지 않는 것이 없다고 보았다. 이는 달리 말하
면 모든 문제의 답이 사람과 사람이 만나는 현장에 있으므로 현장
에서 답을 찾아야 한다는 말이다. 나의 독단에 빠지게 되면 현실
과 멀어지게 된다. 현장과 시장과 현실에서 답을 찾아야 선의 공유
가 가능하다. 선을 공유하여 우리 사회의 공동선을 구축하는 일은
사람과 사람이 만나야 하고, 만나서 이야기를 나누어야 하며 자기
것만을 고집할 것이 아니라 남의 장점을 먼저 보려 노력해야 한다.
순임금의 삶의 자세는 남의 선을 발견하게 되면 자기 것을 고집한

것이 아니라 남의 것을 열린 자세로 받아들이고 권장하여 공유했다는 점이다.

남에게서 취하여 선을 공유하는 것이 남과 더불어 선하게 되는 것이다. 그러므로 군자에게는 남과 더불어 선하게 되는 것보다 큰 것은 없다.

取諸人以爲善 是與人爲善者也 故君子莫大乎與人爲善〈公孫丑章句 上〉

역사는 내 마음의 거울이다

역사는 긴 안목으로 사물과 사실을 들여다보는 것이다. 공자는 사실을 제대로 보기 위해 『춘추春秋』라는 사서를 썼다. 맹자의 말을 빌린다면 천하에 사람이 등장한 것은 오래되어서 한때는 잘 다스려졌으나 한때는 어지러웠다고 말한다. 역사는 이와 같은 변화 속에서 하늘의 뜻을 읽는 것이다.

맹자는 사람들이 변론을 좋아한다고 말하는 것에 대하여 역사의 교훈을 바로 전하기 위해 부득이하게 말이 많아졌다고 응답한다. 공자가 보았던 역사관은 맹자에 다음과 같이 기술되어 있다.

세상이 쇠퇴하고 정도가 미약해서 사설(邪說)과 폭행(暴行)이 일어난다. 신하가 그 임금을 살해하는 일이 있고, 자식이 그 부모를 죽이는 자가 생겨난다. 공자께서 이를 두려워하셔서 『춘추(春秋)』를 지으셨다. 춘추는 천자의 일을 다룬 것이다. 이런 까닭에 공자께서는 "나를 이해하는 것도 오직 춘추일 것이며 나를 벌하는 것도 오직 춘추일 것이다."라고 말씀하셨다.

世衰道微 邪說暴行有作 臣弑其君子 有之 子弑其父者 有之 孔子懼 作春秋 春秋

天子之事也 是故 孔子曰 知我者 其惟春秋乎 罪我者其惟春秋乎 〈滕文公章句 下〉

　공자는 역사를 나를 이해하는 방법이며 동시에 나를 벌하는 방법이라고 말한다. 최근 텔레비전을 통해 전직 대통령이 재판에 참석하지 않는다고 비판하면서 그의 근황을 영상으로 보여주는 장면을 보았다. 그 전직 대통령은 80년대 초의 그 얼굴이 아니었다. 얼굴이 마음을 비춰주는 거울이라면 현재의 그의 얼굴은 알츠하이머를 앓고 있는 전혀 다른 얼굴이었다. 그렇다면 그 전직 대통령을 벌하는 것은 몸으로 존재하는 그의 정체성이 아니다. 알츠하이머를 앓고 있는 그 전직 대통령은 자신의 죄를 반성할 가능성도 찾을 수 없다. 그렇다면 그 전직 대통령을 벌하는 것은 역사 속에 존재하게 될 그의 정체성에 대해 단죄를 내리는 것이 된다.

　역사는 과거의 일을 기록한 사료가 아니다. 나의 과거와 현재, 그리고 미래를 이해하는 깨달음이다. 대통령 후보에 도전하는 한 후보가 이승만 정부가 미국 점령군과 결탁하여 친일정부를 만들었기 때문에 친일을 제대로 청산하지 못했다고 말하였다. 과거를 어떻게 보는가 하는 문제는 현재의 나를 규정하며, 현재의 나는 미래의 나와 무관할 수 없다. 미군 문제만 하더라도 점령군 또는 주둔군의 위치에서 한국전쟁 이후 동맹군으로 변화하였다. 그리고 이승만 정부가 친일 세력을 제대로 청산하지 못했다고 친일정부로 규정하는 것은 사실이 아니다. 특히, 이승만을 친일 세력으로 보는 것은 더더욱 잘못된 역사 인식이다. 현재의 친일논쟁 또한 사실이 아니다. 일본과의 관계를 건강하게 회복하고자 하는 노력은 미래의 역사를 위해 적극적으로 추진되어야 한다. 미래를 향한 이와 같은 역사적 도전이 친일논쟁으로 죄악시된다면 이것 또한 잘못된 역사 인식이다. 현재는 일제 강점기도 아니고 일본에 부역하여 국익을 해치는 자가 있다면 대한민국의 법으로 다스릴 수 있는 시대이다.

역사는 넓은 시야로 자기 자신의 정체성을 이해하고 확인하는 길이다. 공자가 말한 천심과 천명을 보는 길은 역사를 과거와 현재 및 미래를 관통하는 시선으로 보아야 한다. 역사를 집단의 이익을 위해 왜곡하는 일은 맹자가 지적한 사설邪說이며 세상을 어지럽히는 일이다.

인정(仁政)과 법치(法治)

인정(仁政)이란 무엇인가? 맹자는 이루離婁의 눈과 공수자公輸子의 재주로도 곱자와 그림쇠를 이용하지 않으면 사각형과 원을 정확히 그릴 수 없다고 보았다. 또 다른 비유로 유명한 악사였던 사광師曠의 귀를 가졌더라도 육률六律을 쓰지 않으면 오음五音을 바르게 할 수 없다고 하면서 요순의 도로도 인정仁政을 행하지 않으면 천하를 화평하게 다스릴 수 없다고 보았다.

주석에 따르면 인정은 법도法度로서 다스리는 것을 의미한다. 법도는 오늘날의 의미로 사용하면 법과 제도를 뜻한다. 그러나 맹자의 말을 그가 말한 맥락에서 살펴본다면 법法은 물이 흐르는 것과 같은 합리적 이치를 의미하며 도度는 무게의 중심점, 즉 사물의 핵심을 말한다. 인정은 무리한 정치를 펼치는 것이 아니라 합리적이면서 중심을 잃지 않는 정치를 의미한다. 정치에서 곱자와 그림쇠와 같은 기준이 되는 것이 법도라고 보았다.

맹자의 말을 빌리면 법法은 역사적 실천의 맥락과 흐름을 말하고 도度는 과학적 기준을 말한다.

이제 어진 마음과 어질다는 소문이 있음에도 백성들이 그 은덕을 입지 못해서 후세에 법(法)이 될 수 없는 것은 선왕의 도를 행하지 않기 때문이다.

今有仁心仁聞而民不被其澤 不可法於後世者 不行先王之道也〈離婁章句 上〉

주석에 따르면 제나라 선왕에게는 흔종釁鐘에 쓰이는 소 대신에 양을 사용하도록 한 어진 마음이 있었다. 그러나 제나라에 인정이 실천되지 않은 것은 선왕의 도를 기초로 하지 않았기 때문이라고 보았다. 우리가 높은 산에 오르려면 높은 언덕과 능선을 올라야 하고 낮은 곳에 이르려면 내川와 작은 연못을 건너듯이 선왕의 도를 거울삼아야 한다.

그러므로 "높아지려면 반드시 언덕으로 올라가야 하고 낮아지려면 개울과 못으로 내려가야 한다."고 말한다. 정치를 하는데 선왕의 도를 읽지 못하면 지혜롭다고 할 수 있겠는가?

故曰 爲高必因丘陵 爲下必因川澤 爲政不因先王之道可謂智乎〈離婁章句 上〉

정치라는 현실의 문제를 해결하는 데 눈에 보이는 척도는 두 가지이다. 하나는 선왕의 도로 지칭되는 역사의 거울, 곧 법法이고, 다른 하나는 합리적인 과학의 법칙, 곧 도度이다. 역사는 높은 산을 오르는 언덕이 될 수 있고 낮은 곳으로 나아가는 강물과 같은 것이다. 역사 속에서 지혜를 얻지 못한다면 인정仁政을 실천할 수 없다. 맹자가 보았던 '인仁'은 공자가 보았던 인간애만을 의미하는 것이 아니라 그 인간애를 실천할 수 있는 지혜와 능력까지 겸비한 것을 의미한다. 그러므로 맹자는 어진 사람이 높은 자리에 있어야 대중에게 선한 영향을 줄 수 있다고 보았다.

이런 까닭에 오직 어진 사람이 높은 자리에 있음이 마땅하며 어질지 않은 사람이 높은 자리에 있으면 이는 그 악(惡)을 대중에게 뿌리는 것과 같다.

是以 惟仁者宜在高位 不仁而在高位 是播其惡於衆也 〈離婁章句 上〉

따라서, 인정仁政은 어진 사람을 발탁하여 민생을 돌보는 것이고, 어진 사람을 발탁한다는 것은 마음이 착하다는 것만을 의미하는 것이 아니라 능력 있는 사람을 뜻한다. 맹자는 한갓 선하거나 겨우 법도만을 아는 것으로는 인정을 행할 수 없다고 보았다.

그러므로 "한갓 선하기만 한 것으로는 정치를 하기에 부족하고 한갓 법도만으로는 그것이 스스로 행해질 수 없다"고 말한다.

故曰 徒善不足以爲政 徒法不能以自行 〈離婁章句 上〉

맹자의 인정仁政은 법치法治를 토대로 하되 그 법에는 사람의 따뜻한 마음과 역사의 경험이 담겨 있어야 한다. 역사의 경험과 지혜가 부족하면 인정과 법치의 구현이 어렵다고 보았다.

마음의 문을 열고 길을 내는 정치

맹자는 마음의 문을 여는 방법이 '예禮'이고 마음의 길을 내는 것이 '의義'라고 말하며 도덕 정치를 주장한다. 이를 달리 말하면 관계의 문을 여는 것은 '예'이고 관계를 돈독히 하는 것이 '의'이다.

맹자는 대부를 초대하는 예로 하급관리를 초대하면 하급관리가 갈 수 없음을 예로 들어 관계를 여는 문은 먼저 눈높이를 맞추어야 한다고 말한다.

대부를 부르는 것으로써 우인(虞人, 수렵장을 관리하는 사람)을 불렀기 때문에 우인은 죽는 한이 있어도 감히 가지 못했다. 선비를 부르는 것으로써 서민을 부른다면 서민이 어찌 감히 가겠는가? 더구나 어질지 않은 사람이 부르는 것으로서 어진 이를 부르는 것이랴? 어진 이를 만나보고 싶어 하면서 그 도(道)로서 하지 않는다면 그것은 마치 방으로 들어오게 하고 싶어 하면서 문을 닫아버리는 것이나 마찬가지이다. 무릇 의(義)는 길이고 예(禮)는 문이다. 오직 군자만이 그 길을 가며 그 문을 출입할 수 있다.

以大夫之招 招虞人 虞人 死不敢往 以士之招 招庶人 庶人豈敢往哉 況乎以不賢

人之招 招賢人乎 欲見賢人而不以其道 猶欲其入而閉之門也 夫義路也 禮門也 惟君

子能由是路 出入是門也 〈萬章章句 下〉

타자와의 관계를 여는 문이 예에 있다는 것은 상대방의 눈높이
에 맞추어 정보를 이해해야 관계의 문을 열 수 있음을 의미한다.
맹자 당시에는 우인虞人을 초대할 때는 피관皮冠으로서 하였다. 또
한 서민은 무늬 없는 붉은 기인 '전旃'을 사용하였고 선비는 방울을
단 붉은 기인 '기旂'를 사용하였으며 대부는 깃대 위에 꼬리를 달고
새털로 장식한 '정旌'을 사용하였다. 예는 상황 논리로 상대와 상황
에 맞추어야 마음의 문을 열 수 있음을 시사한다. 주파수가 맞지
않는다면 소통 그 자체가 불가능하다.

열린 관계의 길을 넓히고 돈독히 하는 것은 '의義로'로서 의는 말
과 행동이 일치하는 데서 얻어지는 신뢰의 길이다. 관계를 원활하
게 하는 것은 내가 어떤 말을 하고 그 말을 행동으로 실천하는 것
에 의해 결정된다. 말이 앞서고 행동이 뒤따르지 못하는 사람은 신
뢰를 잃게 된다.

그리고 신뢰는 세상을 보는 눈과 경험을 넓혀 나가야 한다. 다른
말로 표현하면 식견을 넓고 깊게 갈고 닦아야 한다.

천하의 착한 선비들과 벗하는 것으로 만족스럽게 여겨지지 않으면 또 나아가서
옛사람을 논평하고 벗 삼는다. 그 시를 외우고 그 글을 읽으면서 그 사람을 알지
못하면 되겠는가? 그 때문에 시대를 논하게 되는 것이니 이것이 위로 올라가서 옛

사람을 벗하는 것이다.

以友天下之善士 爲未足 又尙論古之人 頌其詩讀其書 不知其人可乎 是以論其世

是尙友也〈萬章章句 下〉

　우리가 옛사람과 소통하는 것은 오늘과 과거의 시대 차이를 이해하기 위함이고 이를 발전시켜 미래와 소통하기 위함이다. 예나 오늘날이나 시대 차이는 소통을 가로막고 대화의 단절을 가져온다. 시대의 벽을 뛰어넘으려면 오늘날과 다른 과거의 사람들이 어떻게 생각하고 행동하였는가를 이해할 수 있어야 한다. 이는 미래세대와의 소통에 있어서 미래세대들이 어떻게 생각하고 행동할까 상상할 수 있어야 한다.

　역사를 거울삼아 미래의 꿈과 비전을 보여주는 정치는 눈높이를 맞추고 올바른 말과 행동으로 오늘을 사는 대중에게는 길을 보여주고 미래를 사는 젊은이들에게는 꿈을 심어주는 정치를 의미한다.

통합은 성(性)과 세(勢)를 함께 보고 도(道)를 따르는 것이다

맹자와 고자가 나눈 대화를 살펴보면 맹자가 통합적인 관점에서 사물을 보려고 한다면 고자는 분별심을 작동시켜 사물을 해석하려 한다. 맹자가 현상과 본질을 꿰뚫는 사유와 원리를 지향한다면 고자는 현상을 중시한 입장을 취한다. 알다시피 맹자는 성선설을 주장하지만 고자는 선과 불선이 혼재하는 것이라고 본다.

고자가 말하였다. "성(性)은 여울물(湍水)과 같은 것이다. 동쪽으로 터놓으면 동쪽을 향하여 흐르고 서쪽으로 터놓으면 서쪽을 향하여 흐른다. 인성에 있어서 선(善)과 불선(不善)의 분별 없는 것이 마치 물에 있어서 동서의 분별 없는 것과 같다." 맹자께서 말씀하셨다. "물은 진실로 동서의 분별은 없다. 그러나 상하의 분별이야 없겠는가? 인성이 선한 것은 물이 아래로 흐르는 것과 같다. 사람은 선하지 않은 이가 없고 물은 아래로 흘러내려 가지 않는 것이 없다. 이제 물을 쳐서 튀어 오르게 하면 이마를 넘어가게 할 수 있으며 하류를 막아서 물을 역류케 하면 산에까지 오르게 할 수 있으나 이것이 어찌 물의 본성이겠는가? 이것은 그 세(勢)가 그와 같이 만든 것이다. 사람을 불선(不善)하게 만드는 것도 그 본질이 또한 이와 같은 것이다."

告子曰 性猶湍水也 決諸東方則東流 決諸西方則西流 人性之無分於善不善也 猶水

之無分於東西也 孟子曰 水信無分於東西 無分於上下乎 人性之善也 猶水之就下也 人

無有不善 水無有不下 今夫水搏而躍之 可使過顙 激而行之可使在山 是豈水之性哉 其

勢則然也 人之可使爲不善 其性亦猶是也 〈告子章句 上〉

　　고자가 보았던 선과 불선의 혼재 상황은 예나 지금이나 우리가
목도目睹하는 현상이다. 이 혼란스러운 상황을 통합하고 가지런히
하려면 사물의 본질이나 원칙이라고 할 수 있는 성性을 볼 수 있는
직관과 지혜가 필요하다. 고자의 사유가 관찰을 통해 나타난 현상
을 기술하는 것이라면 맹자는 현상을 뒷받침하는 구조를 보고 현
상을 설명한다. 특히 우리들의 현실 인식을 왜곡시키는 세勢를 바로
보지 못하면 우리는 현실을 잘못 보고 일을 그르칠 수 있다. 오히
려 참된 통합과 올바른 현실 인식은 성과 세를 함께 보아야 한다.

　　성性이 사물의 본질을 의미한다면 세勢는 상황을 움직이는 변화
를 보는 것이다. 사물에 대한 올바른 이해는 사물의 기본 구조와
그 변화 양상을 함께 보는 것이다. 우리가 어떤 사물을 이해하고
설명한다는 것은 그 두 가지, 본질과 현상의 관계를 파악하고 설명
할 수 있다는 것을 뜻한다.

　　고자는 인仁을 내면의 일로 의義를 외면의 일로 구분한다. 그러
나 맹자는 인의예지仁義禮智가 본질적으로 마음으로부터 비롯되는
것임을 강조한다. 맹자가 악惡의 존재를 거부하는 것은 아니다. 그
러나 맹자의 논리는 인간이 본질적으로 선한 존재이므로 선이 가

능한 것이고 악은 외적인 요인에 의하여 잠정적으로 나타난 현상
이라 본다. 맹자의 논리는 인간에 대한 긍정적 시선으로 악의 문제
를 해결해야 한다고 본다. 그러나 고자의 입장은 선과 악이 혼재
하는 상황만을 들어낼 뿐 이에 대한 설명과 해결책이 미흡하다.

맹자의 논리에 따르면 법法과 도道는 사물의 근본 원칙을 따르는
것이다. 달리 말하면 혼란을 설명하고 해결하는 방법이다. 법은 문
자 그대로 물이 흐르는 길이다. 법과 도는 긍정적 믿음으로 현실의
부정적 요소들을 극복하는 원칙과 방법이다.

> 시(詩)에 "하늘이 많은 백성을 내시니 물(物)이 있으면 반드시 법칙이 있네. 백
> 성들은 본성을 지녀서 이 아름다운 덕을 좋아하네."라고 하였으며 공자께서도
> "이 시를 지은 사람은 도(道)를 아는 사람이다. 진실로 물(物)이 있으면 반드시
> 법칙이 있는 법이다. 백성들이 본성을 지녔기 때문에 이 아름다운 덕을 좋아하
> 는 것이다."라고 하셨다.
>
> 詩曰天生蒸民 有物有則 民之秉夷 好是懿德 孔子曰 爲此詩者 其知道乎 故有物
> 必有則 民之秉彝也 故好是懿德 〈告子章句 上〉